Concubinage en Droit guinéen de la famille

Laye Diakité

Concubinage en Droit guinéen de la famille

L'Harmattan

5-7, rue de l'École-Polytechnique, 75005 Paris

http://www.editions-harmattan.fr

ISBN : 978-2-14-049123-8
EAN : 9782140491238

AVERTISSEMENT

DÉDICACE

Nous dédions ce travail :

A notre feue mère Boriba Diakité qui a été prématurément arrachée à notre affection en 2007. On aurait voulu que tu sois présente aujourd'hui, mère, pour être témoin de cette réussite.

A notre père Lanceï Diakité qui a consacré toute sa vie à l'éducation et à la formation de ses enfants et à qui nous devons tout.

A notre grand-mère chérie, Hadja Kany Diallo grâce à qui, nous n'avons jamais manqué d'amour et de sécurité.

REMERCIEMENTS

Ce mémoire n'aurait pas vu le jour sans l'aide et le soutien de plusieurs personnes. Avant tout, nous tenons d'abord à remercier le bon Dieu pour nous avoir permis de faire ce présent mémoire dans la santé.

Nos mots de remerciements et de gratitudes vont également à l'endroit de :

- Nos parents qui nous ont aimés, éduqués, instruits et soutenus tout au long de nos études.

- Notre directeur de mémoire Dr Moussa Fanta Kourouma pour la diligence et la générosité dont il a fait preuve dans l'encadrement de ce projet de recherche.

- Hadja Kany Diallo, grand-mère chérie, pour la force de l'amour qu'elle nous porte.

- Dr Sékou Maouloud Koïta, Directeur du master droit privé fondamental de l'UGLC-SC pour le modèle dont il représente pour nous.

- Notre oncle paternel, Ibrahima Kalil Diakité, pour nous avoir encouragés à faire les études de droit.

- Notre oncle paternel, Colonel Moro Diakité, pour ses soutiens et encouragements

- Nos frères et sœurs, en particulier Mory Mandiana Diakité, pour leurs soutiens moraux et économiques qui ne nous ont jamais fait défaut.

- Nos oncles et tantes maternelles pour leur amour et soutien.

- M. Seydou Doumbouya pour ses conseils judicieux et pour sa patience envers ce qui est sans doute le travail le plus ingrat, celui de nous relire.

- Cette équipe dynamique de la direction du Master Droit Privé Fondamental pour tous les efforts consentis pour faire de nous des juristes décomplexés comme promis.

- Tous nos professeurs, de l'école primaire à l'université pour le courage et le dévouement dont ils ont fait preuve.

- A toutes autres personnes de près ou de loin qui n'ont ménagé aucun effort pour la réussite de ce projet.

POÈME

MAMAN

Maman, toi qui nous as donné la vie
Nous voulons à notre tour te dire merci
De là-haut malgré la distance qui nous sépare,
Tu resteras toujours notre rayon d'espoir

Nous t'avons aimée depuis hier
Quand tu nous portais encore dans ta chaire
Nous t'aimerons encore demain même recouverte de terre
Repose en paix Maman
AMEN

LA LISTE DES PRINCIPALES ABREVIATIONS

Abr:	Abrogé
Al:	Alinéa
Art:	Article
Bull.civ :	Bulletin civil
C. civ :	Code civil
C. civ anc :	Code civil ancien
C. civ gn :	Code civil guinéen
C. civ fr :	Code civil français
C.E :	Code de l'enfant
C. pén gn :	Code pénal guinéen
CA :	Cour d'appel
Cass. Ch. Mx :	Chambre mixte de la Cour de cassation
Cass. Civ :	Chambre civile de la Cour de cassation
Cass. Crim :	Chambre criminelle de la Cour de cassation
CSSOCIALE	Code de la sécurité sociale
Habts :	Habitants
Infra :	Voir ci-dessous
INS :	Institut National de la Statistique
N° :	Numéro

Op cit : *Opus citatum* « œuvre déjà cité »

RGPH : Recensement Général de la Population et de l'Habitation

Supra : Voir ci-dessus

ss : Suivants

TPI : Tribunal de Première Instance

V. : Voir

SOMMAIRE

INTRODUCTION GÉNÉRALE

1. « Si je pouvais retourner en arrière, je ne continuerais jamais à m'engager dans cette relation ». Tels sont les propos de Gnamakron.

C'était en 2002 quand Gnamakron rencontrait son amant. Elle venait tout juste à l'époque d'avoir 22 ans. Issue d'une famille conservatrice, Gnamakron, elle-même très à cheval sur la tradition, a connu Dougoutigui, mécanicien, par le biais d'une de ses amies. Ils tombèrent amoureux l'un de l'autre. Ils vécurent ainsi une idylle sans pareil et décidèrent de se marier. Cependant la famille de Gnamakron s'opposera à l'union à cause du métier de Dougoutigui qu'elle méprise. Mécontente, elle décida de fuir la maison familiale pour vivre avec son amoureux.

2. Ils vécurent avec le maigre revenu tiré du métier de Dougoutigui et du commerce de légumes de Gnamakron des années durant. Ils donnèrent naissance à une petite fille, Alma. Pendant ce temps, Gnamakron n'avait plus aucun contact avec sa famille, qui avait tout fait pour la faire revenir sans succès. Puis, un deuxième enfant, encore une fille, N'natô et un dernier, un garçon, N'fatôman. Gnamakron et Dougoutigui avaient tout pour être heureux et s'entraidaient. Ils se sont battus pour envoyer leurs enfants à l'école. Toutefois, il leur arrivait de ne pas pouvoir acheter les manuels scolaires, ainsi que les frais de scolarité. Ils gardaient quand même l'espoir, aussi infime soit-il.

3. Cet espoir va se concrétiser lorsque Dougoutigui va décrocher un contrat à durée indéterminée avec une entreprise pour laquelle il avait déjà travaillé. C'était précisément en 2015. Il devait se rendre dans un autre pays pour y effectuer des travaux de maintenances. Il promit ainsi à Gnamakron la fin de son calvaire : je vais ramener beaucoup d'argent, nous allons déménager et vivre dans de bonnes conditions. Nous allons nous marier à mon retour, lui dit-il. Sur son petit nuage, elle a pris pour paroles d'Évangile tout ce que lui a raconté son *« petit mari ».* Après deux mois d'absence, Dougoutigui daigne enfin donner signe de vie. Alors qu'elle se faisait du souci pour lui. Il lui raconta que la communication était un peu chère et qu'il n'avait pas encore perçu de l'argent de la part de son employeur. Raison pour laquelle, il ne lui a encore rien envoyé. Il lui a servi cette version toutes les fois où il l'a jointe. Après trois années entières, elle n'a toujours rien reçu de lui. Pis, elle n'a plus de ses nouvelles. Elle aurait appris, plus tard, par un collègue de Dougoutigui qui faisait partie du voyage, que ce dernier s'était marié avec une autre. Abandonnée à son sort, du haut de ses 40 ans, elle élève seule ses trois enfants. Son aînée a repris son commerce de légumes, alors qu'elle-même travaille comme femme de ménage. Gnamakron n'ose en aucun cas demander de l'aide à sa famille.

4. Assise devant sa case sur une brique en terre battue, la main sous le menton, vêtue d'une camisole délavée, elle laisse entrevoir ses épaules éraillées par des vergetures. Son visage est ridé, ses yeux sont ternes comme si elle avait fini de pleurer toutes les larmes de son corps. Gnamakron regrette de s'être enfuie. Croyant au jour du jugement dernier, elle laisse Dougoutigui entre les mains de Dieu.[1]

---

[1] Uchronie imaginée à partir d'une histoire vraie relatée par Maria D.T. Diédhiou dans *« Union libre ou le désir de s'essayer :*

5. La relation dans laquelle vivait Gnamakron est connue sous le vocable de ''CONCUBINAGE''. Le mot a été mentionné pour la première fois dans un texte de loi en 1685.[2] Le concubinage est l'une des facettes des relations hors mariage. Étymologiquement, le terme concubinage vient du latin « *cum cubare* » qui signifie coucher ensemble. On peut dès lors croire que toutes les personnes qui ont des relations sexuelles hors mariage, pouvaient être considérées comme vivant en concubinage. Pourtant, tel n'est pas le cas. Il est usuel de classer en trois catégories les relations sexuelles hors mariage. D'abord, il y a des relations purement occasionnelles ou passagères que le législateur gabonais qualifie de liaisons irrégulières[3] qui, hormis le cas d'adultère, cause de divorce,[4] n'entraîne pas, vis-à-vis des partenaires, des conséquences juridiques. La deuxième catégorie vise les relations continues, mais limitées à la communauté de lit. Les partenaires dans ce type de relations sont souvent appelés « amants » ou « maîtresses ». La troisième catégorie se caractérise par une communauté de vie revêtant l'apparence du mariage : c'est le concubinage.

6. Parcourant les lois de la République de Guinée, notamment le Code civil de 2019[5] et même la constitution

---

concubinage dans toutes ces facettes », publié sur https://seneweb.com – lien valide 15 mars 2022.

[2] R. Altanas, Plaidoyer pour une judiciarisation du concubinage en Haïti, mémoire en ligne sur https//www.mémoireonline.com – lien valide 28 Avril 2022.

[3] Art. 389 du c.civ gabonais dispose que *« La liaison irrégulière est le fait pour un homme d'entretenir des relations sexuelles avec une femme sans vivre dans la même maison »*.

[4] V. TPI Mafanco n°153/Greffe du 23 juin 2021

[5] La loi L/2019/035/AN du 04 Juillet 2019, portant code civil de la République de Guinée.

de 2020 dissoute par le CNRD,[6] le législateur n'a réglementé que le mariage célébré devant l'officier de l'état civil comme étant l'unique modèle familial et a totalement ignoré la notion du concubinage et ses corolaires, ce qui fait du concubinage un non-lieu ou un non-droit en République de Guinée.

7. La République de Guinée est l'un des pays de la façade de l'Atlantique de l'Afrique de l'Ouest, comprise entre le 7° et 13° degré de latitude Nord et entre le 8° et 15° degré de longitude Ouest. Elle est limitée au Nord-Ouest par la Guinée Bissau, au Nord par le Sénégal, au Nord-Est par le Mali, au Sud-Est par la Côte D'Ivoire, au Sud par le Libéria et la Sierra Léone et à l'Ouest par l'Océan atlantique. Elle s'étend environ de l'ouest en l'est sur 800 km, du nord au sud sur 250 km et du nord-est au sud-est sur 550 km pour un littoral de 300 km avec une superficie de 245 857 km^2 pour une population estimée à plus de treize millions d'habitants.[7] Indépendant depuis le 2 octobre 1958 sa capitale est Conakry. Elle est composée de quatre (4) régions naturelles qui sont : la Basse Guinée ou la Guinée maritime, la Moyenne Guinée ou le Fouta-Djalon, la Haute Guinée ou la Savane Guinée et la Guinée Forestière.

8. La Guinée, comme la majorité des pays africains, est encore à la recherche d'un droit qui lui soit propre. Elle cherche à se doter d'un modèle juridique qui soit efficace dans la régulation des activités sociales, économiques et politiques du pays.[8]

---

[6] Le CNRD est un groupe de militaires, appelé comité national du rassemblement pour le développement « CNRD » qui a pris le pouvoir en Guinée par un putsch le 05 septembre 2021.

[7] Lors d'une étude menée par La Banque mondiale en 2021, elle a estimé la population guinéenne à treize millions cent trente-deux mille sept cent quatre-vingt-douze d'habitants (13 132 792 habts).

[8] S. M. Koïta, *la responsabilité des père et mère en droit guinéen de la famille*, thèse, harmattan Guinée 2016, p. 22 n°7.

9. Il n'est pas facile de définir le concubinage, car cette situation peut prendre une infinité de formes : depuis quelques mois passés ensemble jusqu'à une véritable vie de couple résistant à l'épreuve du temps. Le concubinage est défini par le professeur Serge Guinchard dans le lexique des termes juridiques comme étant une union de fait, caractérisée par une vie commune présentant un caractère de stabilité et de continuité, entre deux personnes de sexe différent ou de même sexe, qui vivent en couple, alors que l'union conjugale n'a pas été célébrée.[9] C'est pratiquement cette même définition qui a été consacrée par le législateur français lors de la réforme de 1999. Désormais, le Code civil français comporte un titre intitulé : « Du pacte civil de solidarité et du concubinage », dans lequel l'article 515-8 dispose que : *« le concubinage est une union de fait, caractérisée par une vie commune présentant un caractère de stabilité et de continuité, entre deux personnes de sexe différent ou de même sexe, qui vivent en couple ».* À la différence de cette dernière, la définition donnée dans le lexique des termes juridiques a ajouté l'expression ''union conjugale non célébrée''. Ce qui revient à dire que, vive en concubinage, tout couple dont le mariage n'a pas été célébré conformément au droit positif. Ces deux définitions ne correspondent pas à nos réalités sociales, car elles prennent en compte des couples homosexuels, chose qui n'est pas encore entrée dans nos mœurs. Cela étant, il est permis de définir le concubinage comme étant une union de deux personnes de sexes différents dépourvues de célébration officielle (c'est-à-dire non mariées), mais qui vivent ensemble et qui entendent donner à leur union un caractère durable.

---

[9] V. *le lexique des termes juridiques* 21e édition 2014 sous la direction de Serge Guinchard.

10. Certains doctrinaires comme Nicole Sikuzani Abanabo[10] essayent d'établir une différence entre le concubinage et l'union libre en considérant toutes relations hors mariage d'union libre dont le concubinage est l'une des facettes. D'autres, en revanche, pensent que les expressions union libre et concubinage veulent dire la même chose. C'est le cas par exemple de Patrick Courbe qui affirme que : *« deux expressions sont généralement utilisées pour évoquer la situation du couple ayant choisi de ne pas adhérer au statut proposé par la loi : union libre et concubinage. Elles désignent le même type de situation, à savoir une relation stable entre un homme et une femme vivant en commun comme des gens mariés ».*[11]

11. Alain Bénabent abonde dans le même sens quand il dit que *« deux expressions désignent le même phénomène, à savoir une union hors mariage présentant une certaine stabilité : le terme de concubinage, plus cru, met l'accent sur l'élément matériel (cum cubare : coucher avec), celui d'union libre, plus intellectuel, sur l'élément intentionnel (union libre, sans formalisme et sur tout sans lien, susceptible d'être librement rompue) ».*[12]

12. Par ailleurs, le législateur gabonais définit l'union libre comme étant le fait pour un homme et une femme de vivre ensemble dans la même maison comme des époux, sans avoir contracté mariage l'un avec l'autre.[13] À l'exclusion du concubinage homosexuel, c'est effectivement l'esprit de la définition du concubinage donnée par le législateur français. Il est alors permis de

---

[10] Pour Nicole Sikuzani Abanabo, le concubinage est l'une des facettes de l'union libre. Cela ressort clairement dans l'intitulé de son mémoire : *« De la protection du patrimoine dans une union libre : cas du concubinage ».*

[11] P. Courbe, *droit de la famille*, 2e édition *Dalloz* 2001, p. 216, n°580.

[12] A. Bénabent, *droit de la famille*, 4e éd., *LGDJ*, 2018, p. 335, n°457.

[13] Art. 377, c. civ. Gabonais.

déduire de ces observations que le terme union libre peut s'employer en lieu et place du terme concubinage.

13. La famille est le fondement naturel de la vie en société.[14] Étymologiquement, le concept de famille vient du mot latin *''familiae''*. En son sens initial, elle désignait l'ensemble des serviteurs vivant sous le même toit et sous la puissance du *pater familias.* Selon le dictionnaire français, le Petit Larousse, *« la famille est l'ensemble formé par le père, la mère (ou l'un d'eux et les enfants)* ». La famille peut être autrement définie comme étant l'ensemble des personnes descendant d'un auteur commun et rattachée entre elles par un lien horizontal « mariage, mais aussi concubinage », c'est-à-dire la famille d'origine, et un lien vertical « filiation », c'est-à-dire la famille adoptive.[15]

14. Cellule de base de la société, la famille n'est plus simplement un couple marié avec des enfants à l'heure actuelle. Le groupe familial peut se composer de différentes manières. Le Code civil guinéen reste toutefois fondé sur une vision classique de la famille qui repose sur un couple avec ou sans des enfants ne prenant pas en compte les réalités sociologiques de notre société ; tandis, que le Code civil français, sa source d'inspiration, bien que retenant la vision classique de la famille, tient néanmoins compte de l'évolution de la société en protégeant toutes les formes de couples.

15. Le droit de la famille en Afrique renferme une particularité qui fait de lui un droit à part entier malgré l'apport de l'influence du droit moderne. Depuis la colonisation, le continent noir a été marqué par un phénomène original de pluralisme juridique où se mêlent droits authentiquement locaux et droits importés de gré ou de force, qu'il s'agisse des droits religieux ou du droit dit

---

[14] Art. 18, constitution guinéenne, 07 mai 2010.

[15] S. Guinchard, *Lexique des termes juridiques,* 21e éd., 2014, p.417.

moderne. Dans un tel contexte, de constante cohabitation ou de confrontation continue entre coutumes ancestrales et règles occidentales, il ne semble pas superflu de consacrer de nouvelles réflexions sur l'état et le devenir des droits négro-africains à travers leurs diverses sources d'influence[16]. Malgré les normes imposées par les législateurs en Afrique, une certaine résistance se manifeste des pratiques coutumières qui font que ces normes ne semblent pas s'adapter aux réalités vécues dans les sociétés traditionnelles. Tel est le cas de la célébration du mariage devant l'officier de l'état civil. En effet, à certains niveaux, cette institution ne s'adapte pas aux prescrits légaux compte tenu du fait que la quasi-majorité des couples se marient sur le plan coutumier et religieux.

16. Alors, l'importance que comporte notre sujet est double : d'une part, ce thème vise à approfondir la réflexion sur l'applicabilité de la législation guinéenne dans le domaine du droit de la famille, précisément en relation avec le mariage par rapport au contexte sociojuridique, car il est important de toujours replacer la norme dans son contexte sociologique. Ceci est déterminant pour son application. Et d'autre part, nous croyons par notre travail amener nos concitoyens à acquérir quelques notions ou connaissances sur le concubinage, ses conséquences juridiques et la manière dont il est protégé au regard du droit comparé. Nous croyons également que nous pouvons contribuer à la prévention des éventuels inconvénients qui en découlent en proposant au législateur une piste de solution en se référant au droit traditionnel et au droit comparé qui

[16]M. Thioye, « Part respective de la tradition et de la modernité dans les Droits de la famille des pays d'Afrique noire Francophone », *in Revue internationale de Droit comparé*, Vol. 57, N°57, 2005, p. 346-397.

organisent et protègent les personnes et les patrimoines des personnes vivant en concubinage.

17. Décrivant la situation des couples non mariés, le concubinage a, pendant très longtemps, été assimilé à l'adultère. Du point de vue religieux, cette forme d'union est considérée comme de la fornication. Toutefois, la libéralisation des mœurs fait en sorte que ces états de fait sont, désormais, tolérés ou admis dans la plupart des sociétés, même sous nos cieux où la religion est profondément ancrée.

18. Comme on peut le constater, le concubinage est une notion vague, pas encore ancrée dans la juridiction. Toutefois, en Guinée, bien que le concubinage ne soit pas prévu par la loi, il est souvent vu comme un délit au-delà du péché qu'il constitue du point de vue religieux. En effet, l'Islam tout comme le Christianisme, les deux religions les plus représentées en Guinée, proscrivent le concubinage. Il n'est pas permis à un homme et à une femme de vivre en couple sans être mariés. C'est purement et simplement de la fornication dans les deux communautés qui punissent sévèrement cet acte. Pour les musulmans, le concubinage est sévèrement réprimé, car il est synonyme de débauche. Naguère, ceux qui entretenaient des relations hors mariage recevaient 100 coups de fouet.[17] S'il arrive que l'un des concubins soit marié, c'était à coup sûr une lapidation à mort qui l'attendait. Toutefois, de nos jours, dans le contexte de relâchement des mœurs, de la protection de la liberté individuelle et de personne humaine par des textes nationaux et internationaux, il est plus judicieux de moraliser les deux concubins, dans le but de les ramener à de meilleurs sentiments. De même pour les chrétiens, qui assimilent le concubinage à une fornication, un péché, tout ce qu'il y a de plus grave. On ne peut pas vivre en

[17] Coran, sourate 24, An-Nur « la lumière », verset 2

concubinage et adorer le Seigneur. La religion considère qu'il faut impérativement le mariage religieux, c'est-à-dire devant l'Église, pour que les conjoints songent à se mettre en ménage. Donc, le concubinage ne correspond pas à ce que l'Église attend du fidèle Chrétien. Père Zano Vital Leno prêtre de la Paroisse catholique Anne-Marie Javouhey de Nongo, soutient que ceux qui pratiquent le concubinage sont en porte à faux avec l'Église. Ainsi, des personnes qui vivent en concubinage n'ont pas le droit de recevoir le corps du Christ (communion). Car le concubinage est un péché.[18]

19. Dans les législations étrangères telles que française, il existe une diversité d'unions contrairement à celle guinéenne qui reste attachée sur l'unique modèle familial qui est celui formé par le mariage. D'où des interrogations sur les autres modes de conjugalité, plus spécifiquement sur le cas du concubinage dont il est question ici à l'aune du droit guinéen de la famille. Car dans la législation guinéenne, le concubinage ne fait l'objet d'aucun texte, ni pour l'autoriser expressément, ni pour la définir, ni pour l'interdire, ni même pour l'attacher à un quelconque droit particulier. De ce fait, toute personne majeure non engagée par le mariage, est donc libre de vivre avec toute autre personne majeure, ou même avec plusieurs personnes, engagée(s) ou non dans un lien de mariage, et d'entretenir avec ces personnes toutes formes de relations, y compris sexuelles, dès lors que celles-ci font l'objet d'un consentement mutuel. Dans l'état actuel du droit guinéen, marqué par des incohérences, nous nous proposons donc d'analyser la situation du concubinage au regard du droit positif tant sur le plan social que juridique. Il y'a lieu ici de préciser qu'il

[18] Il existe plusieurs versets bibliques qui interdisent la fornication. Nous avons, Corinthiens 6. 9-10, 13, 15-16, 18-20 ; Galates 5. 18 ; Ephésien 5. 5.

existe deux conceptions de la notion du concubinage en Guinée : la conception sociologique et la conception juridique.[19]

20. Dans la réalisation du présent travail, nous allons recourir aux méthodes suivantes :

Méthode analytique : elle nous permettra de placer la notion dans le contexte sociologique pour comprendre comment est-ce que la population appréhende les termes mariage et concubinage, de comprendre également la signification de leur existence dans la société ; car il est toujours important de replacer la norme dans son contexte sociologique parce que celui-ci est déterminant pour son applicabilité.

Méthode comparative : elle consistera à analyser et interpréter les textes officiels organisant et protégeant le droit de la famille en Guinée et ceux organisant et protégeant le droit de la famille dans d'autres pays tels que la France, le Sénégal, le Gabon…

Méthode documentaire : elle nous permettra de réunir et de consulter la documentation nécessaire ayant trait à notre sujet de recherche.

Méthode consultative : elle nous permettra de consulter les personnes de ressources notamment les professeurs de droit, les pratiquants du droit, les chefs religieux ainsi que les sages de certaines communautés pour mieux comprendre le phénomène du concubinage dans son ensemble.

21. L'adultère n'étant plus un délit pénal depuis l'abrogation du Code pénal de 1965, ni une cause systématique de divorce depuis l'adoption du nouveau Code civil de 2019.[20] La banalisation du concubinage est

---

[19] V. *infra* n° 103-104

[20] L'art. 341 et 342, c.civ ANC prévoyaient que le mari pourra demander le divorce pour cause d'adultère de sa femme et la femme

devenue un phénomène de société. Aujourd'hui on fait preuve de tolérance à l'égard de ce phénomène de plus en plus accepté dans nos mœurs. Législateur, dans une perspective d'adaptation, reconnait même son existence.[21] Pourtant, il se refuse toujours à le réglementer. Ce qui nous pousse à nous poser la question suivante :

Comment peut-on appréhender la notion du concubinage en droit guinéen ?

22. Face à la question que nous nous sommes posés dans la problématique, nous pouvons présenter les hypothèses de notre travail de la manière suivante : en premier lieu, nous comptons démontrer l'aspect sociojuridique du concubinage en Guinée (Première partie). Et en second lieu, nous comptons illustrer à travers sa portée juridique qu'il est une situation de fait, en principe, sans effet (Deuxième partie).

---

quant à elle pouvait demander le divorce lorsque son mari aura entretenu sa concubine au domicile conjugal.

[21] A travers les articles 375 du c.civ anc et 413 du nouveau code civil, le législateur reconnait l'existence du concubinage dans la société guinéenne.

PREMIÈRE PARTIE :

L'ASPECT SOCIOJURIDIQUE DU CONCUBINAGE EN GUINÉE

23. L'expression concubinage couvre plusieurs situations. Dans le public, il évoque une relation sexuelle suivie, les deux amants cohabitant le plus souvent. Mais il arrive que l'on donne au concubinage le sens plus restrictif de relations durables n'impliquant pas nécessairement la cohabitation. Les relations sexuelles occasionnelles n'ont en principe pas de conséquences juridiques hormis les cas d'adultère, de délit de viol ou éventuellement d'autres délits ou contraventions en matière de mœurs. On les qualifie parfois de *stuprum*. Il désigne incontestablement le fait pour deux personnes de sexes opposés de vivre maritalement sous le même toit. Le concubinage ou l'union libre offre toutes les apparences du mariage, mais sans que toutes ses formalités ne soient remplies. Aujourd'hui, le concubinage a tendance à devenir une alternative au mariage.

24. Le concubinage peut être appréhendé sous deux angles. Si d'aucuns pensent que la pratique est *sui generis* à l'évolution des peuples, aux cadres sociaux, comme étant une survivance d'une pratique ancestrale, qui se rebelle contre toute union dont la loi civile fixe impérativement les conditions, les effets et la dissolution (mariage formel). D'autres évoquent, une pathologie de l'acculturation, de l'occidentalisation progressive des valeurs et civilisations. C'est donc une résultante de la crise des valeurs morales, consécutives à la faiblesse des garants méta-sociaux. Il fut un temps où le concubinage était le lot de filles perdues ou le choix d'individus voulant défier la société par des pratiques qui froissent la morale et l'éthique.

25. Il est défini en opposition au mariage, comme une union dans laquelle, les intéressés vivent ensemble, mais ne se reconnaissent pas comme étant unis par le lien du mariage. Selon l'Institut National de la Statistique de Guinée, seulement 0,6 % des Guinéens vivaient en concubinage en 2014 contre 0,7 % en 1996.[22] Faite par des sociologues, cette statistique ne prend en compte que la conception sociale du concubinage alors que la réalité juridique est tout autre. Selon eux, le concubinage est une union dans laquelle une personne vit de façon libre et consensuelle avec une autre personne de sexe différent sans célébration de mariage légal, religieux ou coutumier. Ils définissent aussi le concept mariage comme toute union établie entre un homme et une femme devant l'État, la mosquée ou conclue selon les règles coutumières ou traditionnelles.

26. Aujourd'hui, dans la société guinéenne, sur le plan juridique, on peut rencontrer le phénomène du concubinage sous plusieurs formes. Mais avant d'aborder ces quelques formes du concubinage dans la société

---

[22] V. l'annuaire statistique 2018, source INS/RGPH 1996 : RGPH 2014, tableau 5.41 : Evolution de la situation matrimoniale dans l'ensemble du pays entre 1996 et 2014.

guinéenne (chapitre 2), une étude sommaire de la notion du concubinage est nécessaire pour nous permettre de mieux nous imprégner des substances nécessaires à sa compréhension (chapitre 1).

CHAPITRE 1 :
L'APERÇU GÉNÉRAL DE LA NOTION DU CONCUBINAGE

27. Le concubinage recouvre plusieurs situations variables, allant des courtes unions jusqu'à l'union durable, pendant une vie entière, impliquant généralement une vie commune, mais parfois limitée volontairement ou involontairement par les concubins. Refusant de traiter de façon unitaire des situations au contour variable, certains auteurs préfèrent opposer au singulier du mariage le pluriel des concubinages marquant par là la diversité du phénomène[23].

28. Le concubinage est le terme exact pour désigner toutes les formes de communauté de vie hors mariage. En se référant à la situation la plus courante, on peut définir le concubinage comme étant une union hors mariage d'un homme et d'une femme, une union volontaire et non formaliste présentant une certaine stabilité par laquelle ils décident de vivre ensemble. La principale différence entre mariage et concubinage réside dans l'absence de protection juridique qui caractérise le concubinage.

---

[23] A. Batteur, droit des personnes et de la famille, 2eme édition *LGDJ*, p. 335 n°659

29. Situation non encore reconnue par le Droit guinéen. Le concubinage a pendant très longtemps été aussi ignoré par le Droit français, notre source d'inspiration, jusqu'en 1999 à l'occasion de la création du PACS. Il a donc fallu attendre la loi du 15 novembre 1999 pour que la place faite par le Droit dans l'ordonnancement juridique au concubinage évolue. Cependant le législateur français n'a pas réglementé le concubinage, en précisant ses conditions formations ou ses effets comme le mariage. Il s'est juste contenté de le définir en se fondant sur les critères déjà établis par la jurisprudence au paravent. Ainsi cette loi a introduit un article 515-8 dans le Code civil français lequel dispose : *« le concubinage est une union de fait, caractérisée par une vie commune présentant un caractère de stabilité et de continuité, entre deux personnes, de sexe différent ou de même sexe qui vivent en couple ».*

30. L'analyse de cet article nous montre que la formation du concubinage n'est soumise à aucune condition de validité : il n'y a pas de capacité à concubinage ni d'empêchements à concubinage. Dès lors, et dans les limites de l'autorité parentale, le mineur peut vivre en concubinage, de même en principe que le majeur sous tutelle ou curatelle. Le concubinage incestueux n'est pas explicitement interdit, si tant est que la relation de couple corresponde bien aux critères prévus par l'article 515-8 du Code civil français. C'est là toute l'ambiguïté de la notion, il n'est pas certain que ce type de concubinage puisse produire des effets juridiques. Le concubinage entre personnes d'une même famille serait considéré par analogie avec le mariage, comme incestueux, il serait probablement privé d'effets sur le fondement de l'ordre public et des bonnes mœurs. On peut alors regretter que le législateur français n'ait pas davantage précisé la notion.

31. Cette définition a quand même eu le mérite de préciser les éléments constitutifs de la notion (section 1) permettant de facilement prouver l'existence de l'union ainsi que le régime juridique qui lui est applicable (section 2).

Section 1 : Les éléments constitutifs du concubinage

32. Avant la loi du 15 novembre 1999, la jurisprudence française exigeait un certain nombre d'éléments comme étant des éléments qualifiants le concubinage que le législateur français a entériné lors de la reforme dans l'article 515-8.

33. Ainsi, le concubinage tel que défini par le Code civil français comporte plusieurs éléments constitutifs, dont la communauté de vie (paragraphe 2), qui constitue l'élément le plus essentiel. Cette communauté de vie ne peut se concevoir que dans le cadre une vie de couple (paragraphe 1).

Paragraphe 1 : Le couple

34. Si la famille est le nombril de la société, le couple quant à lui demeure le nid de la famille.[24] Selon l'islam, la notion de couple est une loi que Dieu a établie dans la création et la formation des mondes. Cette loi est générale et continuelle et aucun humain, animal ou végétal ne peut y échapper : *« Et de toute chose nous avons créé un couple, peut-être vous rappelleriez-vous »*[25] ; *« Et la terre, Nous l'avons étendue et nous y avons jeté des montagnes, nous y avons produit des couples, précieux de toutes espèces »*[26] ; *« Il a créé le couple, le mâle et la*

---

[24] S. condé, *la dot en droit guinéen*, mémoire, UGLC-SC 2021, p.1.
[25] Coran, Sourate 51, Adh-Dhariyat « qui éparpillent », verset 49.
[26] Coran, Sourate 50, Qaf, verset 7.

femelle ».[27] La notion de couple est mentionnée dans le coran à plusieurs reprises. La bible aussi, n'est pas restée indifférente face à cette notion. Elle dit : *« n'avez-vous pas lu que le créateur, au commencement, les fît un homme et une femme et qu'il dit : c'est pourquoi l'homme quittera son père et sa mère et s'attachera à sa femme, et les deux deviendront une seule chair. Ainsi ils ne sont plus deux, mais une seule chair. Que l'homme donc ne sépare pas ce que Dieu a joint ».*[28]

35. L'image d'Adam et d'Ève a fondé la représentation que nous avons du couple : l'unité isolée d'un homme et d'une femme.[29] L'anthropologie occidentale, religieuse ou non, a intégré cette image dans nos croyances. Pour les religions monothéistes, dont l'islam et le christianisme, quand on parle d'un couple, on parle évidemment d'un homme et d'une femme liés par le lien du mariage. Selon elles, l'union de l'homme et la femme remonte aux origines de l'humanité. L'humanité est créée à l'image de Dieu, et une union particulière entre un homme et une femme fait partie de l'appel de Dieu pour l'humanité dès le départ.

36. Le couple est présenté comme l'élément de base de la famille, l'élément constitutif de cette dernière. Il se caractérise par l'union de deux personnes. Le Code civil guinéen réglemente cette union dans le cadre du mariage et la rupture de celui-ci par les règles applicables au divorce. Toutefois, l'union des membres du couple ne se fait pas nécessairement par le mariage. Le couple peut être une situation de fait qui dure ; on parle alors de concubinage.

---

[27] Coran, Sourate 53, An-Najm « l'étoile », verset 45.

[28] Bible, Mathieu, chapitre 19, verset 4 à 6.

[29] Y. Thomas « union des sexes : le difficile passage de la nature au droit », *in Revue du CERAP*, ALBanquet1 septembre 1998 Mariage, Procréation, Union des sexes, p. 9

37. Le couple est une union que forment deux personnes de sexe différent ou de même sexe entre lesquelles existent des relations charnelles et en général une communauté de vie, soit en mariage soit hors mariage.[30] Le couple constitue le dénominateur commun de toutes les formes contemporaines de vies à deux. Le terme couple n'est pas employé en Droit civil, en effet dans le Code civil, il est question d'époux ou de conjoints. La notion de couple désigne une entité sociale formée de la relation entre deux personnes.

38. Pour constituer le concubinage, il faut nécessairement l'existence d'un couple. Le couple de concubins peut être composé de deux personnes de même sexe ou de sexe différent. En effet, depuis la loi du 15 novembre 1999 relative au PACS, il n'existe plus de différence de sexe entre les concubins. Elle donne une définition du concubinage qui peut s'appliquer indifféremment à deux personnes de sexe différent ou de même sexe.

39. Avant 1999, la Cour de cassation française déniait aux couples homosexuels le statut de concubins. Ces couples étaient systématiquement déboutés de leur demande tendant à bénéficier des mêmes droits que les couples concubins hétérosexuels. Ainsi, la jurisprudence affirmait régulièrement que le concubinage ne pouvait se concevoir en dehors de l'union d'un homme et d'une femme.

40. Dans un arrêt rendu le 11 juillet 1989, la chambre sociale de la Cour de cassation française a défini le concubinage comme *« une situation consistant dans la vie commune de deux personnes ayant décidé de vivre comme époux, sans pour autant s'unir par le mariage, ce qui ne peut concerner qu'un couple constitué d'un homme et*

[30] G. Cornu, *Vocabulaire juridique* 12eme édition mise à jour, p. 617-618.

d'une femme ». C'est cette définition du couple fondée sur la différence de sexe qui convient aux réalités sociales et culturelles de la Guinée. Par conséquent, les concubins doivent être de sexes différents, c'est-à-dire que le concubinage ne doit se faire qu'entre un homme et une femme en Guinée. Les relations homosexuelles sont contraires à la morale et aux bonnes mœurs et sont réprimées par la loi.[31]

41. En précisant qu'en matière de concubinage, les deux personnes « vivent en couple », le Droit français suppose ainsi l'existence de relations sexuelles. Pour autant, affirmer que le concubinage implique des relations sexuelles est délicat. Il serait certes tentant de choisir cet élément comme dénominateur commun entre toutes les formes de couples. En outre, l'existence de relations sexuelles, bien que non explicitement formulée dans la lettre du Code civil français, est prise en considération par la jurisprudence, à la fois comme condition de validité du mariage (l'interdiction de mariage blanc) et comme faute (l'adultère), cause de divorce. Pourtant, il est permis de se demander si une telle exigence ne serait pas, en elle-même, attentatoire au droit au respect de la vie privée ? Ce qui pose des difficultés de fond et de preuve mettant en question la pérennité de cette condition. C'est le cas par exemple lorsqu'on est en présence de personnes qui, pour une raison quelconque, mais notamment par handicap (psychologique ou physiologique), ou au regard de leur âge, ne peuvent avoir de relations sexuelles. Sur le terrain probatoire, il paraît difficile, sinon impossible, d'établir l'existence ou l'absence de telles relations sans porter une

---

[31] L'alinéa 1er de l'article 274 du c. pén gn dispose en effet que *« tout acte impudique ou contre nature commis avec un individu de son sexe ou avec un animal est puni d'un emprisonnement de 6mois à 3ans et d'une amende de 500.000 à 1.000.000 de francs guinéens ».*

atteinte au droit au respect de la vie privée, dont les relations sexuelles constituent l'essence la plus intime.

42. Au regard de toutes ces difficultés, il serait donc plus prudent de considérer que cette notion de « vie de couple » visée par le législateur français ne correspond pas à l'existence effective de relations sexuelles. Le droit n'a ni vocation ni intérêt, nous semble-t-il, à s'aventurer dans ce domaine. Pour autant, il ne s'agit pas de nier la dimension sexuelle de la vie de couple, mais de la lire de manière abstraite, comme renvoyant non à une relation charnelle, mais à l'existence de sentiments réciproques.[32]

43. En plus, le Droit n'ayant pas vocation à aller dans le lit des gens, qu'il ne peut sonder les cœurs, une telle évolution de la définition juridique de la notion de couple pourrait alors sonner comme un abandon de tout effort de rationalisation. Il n'en est rien. Bien plus s'agit- il, en tenant compte des limites de la règle de droit, de continuer à définir la notion de couple conjugal en la distinguant des autres formes de couples ou d'autres types de relations affectives. Le couple serait alors une notion floue ou molle, non définie littéralement par la loi, et dont la dimension sexuelle serait certes importante, mais plus dans sa potentialité et comme élément de preuve de la relation de couple que dans sa réalité, comme condition d'existence de la relation de couple. Il ne paraît donc pas déraisonnable de dire que la relation de couple est de type sexuel, l'existence de telles relations pouvant être un élément de preuve de l'existence d'un tel couple, mais à lui seul, insuffisant, puisqu'existent d'autres conditions de fond pour caractériser l'existence d'un couple. À l'inverse, l'absence de rapports sexuels dans un couple ne devrait pas forcément entraîner une disqualification de la relation

---

[32] Marie Cresp, Jean Hauser, Marion Ho-Dac et Sandrine Sana-Chaillé de Néré, *Droit de la famille : Droit français, européen, international et comparé*, édition Bruyant 2018, p.557 n°676.

conjugale, en cas de cohabitation matérielle stable et continue.

44. Enfin, la doctrine traditionnelle considérait que les relations sexuelles faisaient le concubinage. La doctrine actuelle est plus nuancée. En absence de relations charnelles, il convient d'examiner la volonté des deux personnes pour juger si leur situation peut être qualifiée de concubinage.[33] Dans certaines situations, l'existence de relations sexuelles suffit à caractériser le concubinage. Dans d'autres, les relations charnelles ne suffisent pas à elles seules pour constituer le concubinage. Le concubinage est fondé avant tout sur la communauté de vie.

Paragraphe 2 : La communauté de vie

45. La doctrine est unanime pour faire de la communauté de vie un élément constitutif du concubinage.[34] À l'instar du mariage, le concubinage suppose en premier lieu une communauté de vie bien réelle et effective : il n'y a pas de concubinage « blanc » comme il peut se trouver des mariages « blancs » en raison du caractère institutionnel du mariage et par opposition au caractère informel et donc nécessairement « vécu » du concubinage. La communauté de vie ou volonté de vie commune, est l'essence du concubinage comme elle est celle du mariage. La différence avec le mariage tient à l'absence de statut. Le concubinage ne se conçoit pas sans communauté de vie réelle et effective.

46. La communauté de vie est union de deux vies, modèle de l'existence conjugale, comprenant, dans un réciproque vouloir vivre ensemble, cohabitation, union charnelle et sentimentale qui, érige en devoir mutuel de

---

[33] C. R. Brahinsky, *l'essentiel du droit de la famille,* 10 édition les carrés 2011-2012, p. 25.

[34] C. R. Brahinsky, op cit, p. 25

mariage,[35] a vocation à régner durablement en plénitude, mais dont l'altération n'a de conséquences juridiques qu'en cas de rupture consommée.[36] La définition de la communauté de vie tourne autour d'une cohabitation. Elle est l'élément constitutif de la communauté de vie.[37]

47. L'article 515-8 du Code civil français dispose que le concubinage se caractérise par une vie commune présentant un caractère de stabilité et de continuité entre deux personnes. Cette définition générale n'exclut pas des définitions particulières.[38] Par exemple, si le législateur français ne mentionne pas la notoriété du concubinage, cet élément est ponctuellement mentionné par lui, comme condition d'application de telle ou telle disposition applicable aux concubins.

48. Les éléments caractérisant le concubinage et visés par le législateur français dans les dispositions de l'article 515-8 correspondent à des notions floues que la jurisprudence doit encore préciser. Il est notamment difficile de savoir à partir de quand la relation de couple peut être considérée comme assez « stable » ou « continue » pour être qualifiée de concubinage. Ces deux notions-cadres, qui ont trait à la durée, sont souverainement appréciées par la jurisprudence, ce qui conduit à des variations selon les juridictions et les matières. Si le concubinage se distingue des aventures d'un soir, des relations sexuelles passagères, accidentelles ou sporadiques, tout le problème est de déterminer à partir de quand, ou de combien de temps ou de relations sexuelles, la relation entre les deux personnes peut être

---

[35] Art. 294, c. civ gn.

[36] G. Cornu, *Vocabulaire juridique* 12eme édition mise à jour p. 2257

[37] J.B Schwart, *Recherche sur l'existence d'un droit commun du couple*, thèse, Université de Nantes 2017, p. 46 n°31.

[38] Marie Cresp, Jean Hauser, Marion Ho-Dac et Sandrine Sana-Chaillé de Néré, op cit, p. 552 n°670.

qualifiée de concubinage. En droit social, la jurisprudence française a pu admettre que des relations intermittentes, mais stables, puissent constituer un concubinage à défaut de pouvoir correspondre à une vie maritale.[39] En droit pénal, la Cour de cassation veille à ce que les juges du fond justifient la qualification de concubinage qu'ils ont opérée de la relation entretenue entre la victime et la personne poursuivie.[40]

49. La question se pose également de savoir comment est entendue la notion de vie commune ou de cohabitation dans le cadre du concubinage. Tout l'enjeu est de déterminer si elle doit nécessairement se définir par rapport à la cohabitation matérielle, vivre sous le même toit ou si la cohabitation affective, être un couple suffit ? Avant que le Code civil français ne donne une définition légale du concubinage, la jurisprudence exigeait déjà l'existence d'une communauté de vie, condition inhérente à la vie de couple.

50. Certaines juridictions françaises imposaient alors une communauté de toit, mais d'autres non. L'article 515-8 du Code civil n'a pas clairement pris position, puisqu'il ne définit pas la communauté de vie dans le cadre du concubinage et même dans celui du mariage. Le législateur guinéen non plus n'a pas fait mieux, il dispose dans le cadre du mariage que les époux s'obligent mutuellement à une communauté de vie[41] sans pour autant dire ce qu'il entend par communauté de vie.

51. Une réponse est donnée par la chambre criminelle de la Cour de cassation française dans son arrêt du 5 octobre 2010.[42] Dans cette affaire, la Cour de cassation s'en est remise à l'appréciation souveraine des juges du

---

[39] V. Soc. 22 février 1978, n° 76-10.363.

[40] V. Crim 21 octobre 1998, n° 97-85.151.

[41] L'art.294 c. civ gn.

[42] V. Crim., 5 octobre 2010, n° 10-81.743.

fond. Ce faisant, elle ne contredit pas une cour d'appel qui avait estimé que le concubinage, tel que défini à l'article 515-8 du Code civil français, implique une cohabitation matérielle, comprise comme le fait pour le couple de vivre sous le même toit. En cela, on pourrait déduire de cet arrêt que la notion de vie commune au sein du concubinage ne pourrait être cantonnée à sa dimension abstraite de nature seulement affective, mais devrait être complétée d'une dimension concrète, à savoir partager matériellement cette vie de couple ou, dit autrement, vivre ensemble. La jurisprudence n'est toutefois pas uniforme, ce qui doit donc inviter à la prudence dans l'analyse.

52. La Cour de cassation suit ainsi la voie la plus exigeante, celle imposant aux concubins de vivre à la même adresse et d'être en capacité d'en apporter la preuve, par exemple grâce à l'adresse commune associée à un compte bancaire joint. Par comparaison, il en va différemment pour les époux. Pour ces derniers, la communauté de vie peut reposer sur une cohabitation simplement affective, la cohabitation matérielle n'étant qu'un élément de preuve, et non de fond. En matière de concubinage, l'appréciation souveraine des juges du fond, en exigeant que la cohabitation soit matérielle, peut ainsi conduire à une définition plus stricte que pour les époux qui peuvent avoir des domiciles distincts. L'arrêt précité va encore plus loin en prenant en compte la domiciliation du concubin, ce qui implique non seulement une communauté de toit, mais aussi une unité administrative. À l'inverse, lorsque la jurisprudence n'exige pas qu'elle soit matérielle, cette dimension de la communauté de vie est souvent prise en considération en tant qu'élément de preuve pour caractériser, ou nier, l'existence d'un concubinage. Si l'on s'en tient à l'arrêt du 5 octobre 2010 sous analyse, la définition matérielle de la communauté de vie peut être plus contraignante pour les concubins lorsqu'ils souhaitent obtenir certains avantages légaux découlant de leur situation juridique. Elle peut aussi, à l'inverse, dans certaines circonstances particulières, s'avérer favorable au couple.

53. Outre une cohabitation, la communauté de vie suppose entre les concubins un partage de biens, de ressources, de logements, de lit, mais également un partage d'intérêts communs. C'est une volonté de vivre à deux, un projet d'avenir à deux. La communauté de vie est une communauté d'existence renvoyant à une communauté affective, morale et matérielle. La communauté de vie matérielle est d'ailleurs souvent exigée par des textes spéciaux, comme élément conditionnant l'obtention ou la perte des avantages accordés à la qualification du concubinage. Dans certains cas enfin, il n'est plus question, littéralement, de concubinage, la notion de couple étant éludée par celle de personne à charge ou de communauté de vie, quelle que soit la nature du lien unissant les personnes vivant ensemble. Le concubinage se caractérise par une vie commune stable et continue qui est souvent définie comme impliquant une cohabitation matérielle effective.

54. Par ailleurs, le législateur français a assorti cette communauté de vie de certaines caractéristiques. Le concubinage doit présenter un caractère de « stabilité et de continuité ». Ces caractéristiques constituent des critères qui inscrivent le concubinage dans une relation perdurant dans le temps et permettent de donner une force à cette forme de conjugalité en lui ôtant tout caractère précaire.

55. Il faut entendre par stabilité une relation unique qui se prolonge dans le temps. C'est une relation à deux qui prohibe plusieurs relations simultanées. Cette condition de stabilité permet de distinguer le concubinage des unions passagères, légères et précaires. Et on entendre par continuité, la relation qui perdure dans le temps sans interruption. La continuité, c'est la possession d'état. La continuité, c'est la régularité et la fréquence des relations. Cette condition a pour effet d'encadrer le concubinage, puisqu'il est constant que cette union n'a pas vocation à perdurer. Conçue à l'origine comme précaire et éphémère, elle n'engage pas pour l'avenir.

56. En cas de cohabitation matérielle stable et continue entre deux personnes, sauf pour les cas d'un frère et sa sœur, un père et sa fille, d'une mère et son fils ou le cas des étudiants qui vivent en colocation, on peut présumer qu'ils vivent en concubinage. Cette présomption n'est qu'une présomption simple qui peut être combattue par la preuve du contraire.

Section 2 : La preuve et le régime juridique du concubinage

57. Pendant la durée du concubinage, le législateur se contente de formuler certains droits des concubins, droits qui ont vocation à s'appliquer une fois l'union formée. La nécessité de démontrer l'existence du concubinage peut donc se présenter. Alors, il sera question ici de la preuve de l'existence du concubinage (paragraphe 1) et le régime juridique qui lui est applicable (paragraphe 2).

Paragraphe 1 : La preuve du concubinage

58. Le concubinage étant une situation de fait, la preuve de son existence peut être apportée par tout moyen[43] et est appréciée souverainement par les juridictions.[44] Pour lutter contre les mariages clandestins et pour permettre une preuve plus facile de l'union, le Concile de trente, en 1563, a imposé la présence du curé de la paroisse de l'un des époux lors de la célébration du mariage, qui doit être

---

[43] V. art. 998, c. civ. gn.
[44] V. Cass. civ. 1re, 3 Octobre 2018, n° 17-13.113.

publique.[45] C'est dans ce même ordre d'idée que le législateur guinéen a prévu dans le Code civil qu'au jour de la célébration du mariage, l'officier de l'état civil dresse un acte de mariage permettant aux époux de rapporter aisément la preuve de leur union. Le pacte civil de solidarité en France, fait l'objet aussi d'un acte préconstitué qui est mentionné sur l'acte de naissance de chacun des partenaires. À l'inverse de ces modes de conjugalité, en raison de sa formation, le concubinage n'est subordonné à l'obtention d'aucune preuve préconstituée. Par conséquent, les concubins n'ont pas de preuve officielle et préétablie de leur vie de couple et doivent s'en remettre au droit commun de la preuve selon lequel, en présence de fait juridique, la preuve est libre. Elle peut être rapportée par témoignages, par déclaration sur honneur, par un certificat de concubinage. Le concubinage peut également être prouvé par la possession d'état.

59. La question de preuve du concubinage se pose lorsque les concubins veulent se prévaloir de cette qualité pour bénéficier certains avantages accordés aux concubins ou lorsqu'un tiers a intérêt à ce que la relation entre deux personnes soit qualifiée de concubinage.

60. D'abord, la preuve du concubinage rapportée par un tiers. Certains organismes de l'administration telle que la Caisse Nationale de Sécurité sociale, ou encore par des particuliers qui verraient un intérêt à qualifier la relation d'un tiers de concubinage comme l'un des époux qui souhaiterait démontrer l'adultère de son conjoint par l'entretien d'une relation de concubinage en amont ou pendant la procédure de divorce. La preuve qui incombe au tiers sera nécessairement plus difficile à rapporter d'une

---

[45] D. Dhaini, Mariage et libertés : étude comparative en droit français et libanais, thèse, Université de Versailles Saint-Quentin en Yvelines 22 janvier 2016, p10.

part parce que s'agissant d'une notion de fait, la relation échappe aisément aux tiers et que d'autre part, la preuve pouvant être rapportée par ces derniers est conditionnée au respect de la vie privée.[46] Si le concubinage n'est pas notoire, l'admission de son existence par les tiers reste difficile. La notoriété continue à jouer un rôle non négligeable. La connaissance par les tiers contribuant parfois à établir la stabilité et la durée du concubinage au sens de l'article 515-8 du Code civil français. Le caractère notoire est parfois exigé par des dispositions contractuelles ou par des textes spéciaux comme en matière de droit au logement.

61. À l'inverse, en ce qui concerne les concubins, il est plus aisé de rapporter la preuve de leur relation. En France par exemple : Ils peuvent solliciter un certificat de concubinage auprès de la mairie de leur domicile qui n'a aucune obligation de dresser un tel acte. Il s'agira pour l'un de ces derniers de démontrer l'effectivité de la relation stable et durable ce qui permet d'appréhender les documents pouvant attester d'une telle relation à savoir un contrat de bail d'habitation aux deux noms, des factures aux deux noms notamment concernant les charges de fluide (électricité, gaz, eau, internet, téléphonie, etc.). Les attestations sur l'honneur rédigées par les concubins peuvent également être utilisées pour prouver l'union. Cependant, notons que la production des documents susmentionnés ne permet pas, *de facto*, que les juridictions retiennent la preuve de l'union libre. C'est par l'utilisation d'un faisceau d'indices que la juridiction va apprécier souverainement s'il y a lieu de qualifier la relation de concubinage ou non étant rappelé que la charge de la preuve incombe à celui qui entend se prévaloir d'une telle situation. La cohabitation matérielle, combinée à des rapports patrimoniaux ou à des communautés d'intérêts,

---

[46] V. CA Douai, 25 avril 1991, n° 1991-040978.

demeure cependant un indice privilégié de la preuve du concubinage et peut tendre à inverser la charge de la preuve, la personne cohabitant avec une autre devant alors rapporter la preuve que cette cohabitation matérielle ne correspond pas à une vie de couple. Elle est, en outre, renforcée lorsqu'elle est combinée à la notoriété ou à l'apparence du mariage. Cette sorte de possession d'état de concubinage permet de présumer de la communauté de vie affective qui est certes l'essence des couples, mais n'en est pas l'apanage et n'en est pas moins difficilement saisissable. Cette difficulté est accrue lorsqu'il s'agit de prouver l'absence d'un concubinage, qu'elle pèse sur un tiers ou sur les concubins eux-mêmes.

62. Enfin, la preuve du concubinage peut également résulter d'une convention de concubinage qui viendrait organiser les rapports des concubins[47] (uniquement financiers) de leur vie commune. En effet, en l'absence de statut légal certains concubins ont fait le choix de réglementer leur union en dressant en double exemplaire une telle convention qui ne peut contenir et réglementer les rapports personnels entre ces derniers (on pense ici au fait d'imposer une obligation de fidélité) ou même comme le relèvent certains auteurs à porter atteinte à l'essence même de cette union caractérisée par les principes de liberté et de précarité.[48]

63. Il faut signaler qu'en Guinée, le concubinage ne peut être prouvé que par la possession d'état. La cohabitation renvoie au *tractus* et à la *fama* de la possession d'état, à la façon de se comporter, mais aussi à

[47] B. B. Anembali, « Du Concubinage en Droit congolais et en Droit compare », *in IOSR Journal Of Humanities And Social Science (IOSR-JHSS),* vol. 22, N°8, 2017, p. 57– 66.

[48] Y. Févier, « la notion de couple de fait en droit français: "concubinage" vs. Pacs et mariage *», in Actualidad Jurídica Iberoamericana*, vol.1, N° 11, 2019, p. 64-77.

la manière dont les tiers perçoivent la relation. Comme le résumait cet auteur à propos du concubinage, *« la cohabitation non seulement porte l'union, mais en constitue encore pour la société le signe extérieur, qui matérialise de façon tangible son existence ».*[49] La cohabitation est donc nécessaire pour apporter la preuve de l'existence de cette relation.

64. Étant ainsi un simple fait juridique, le concubinage peut se prouver par tous moyens non seulement par les tiers, mais encore par les concubins eux-mêmes, que ce soit pour en déduire des conséquences l'un contre l'autre ou à l'égard des tiers.

Paragraphe 2 : Le régime juridique du concubinage

65. *« Les concubins se passent de la loi, la loi se désintéresse d'eux ».* À l'époque où Napoléon prononçait ces mots, vivre ensemble sans être mariés était considéré non seulement comme un comportement immoral, mais surtout comme une atteinte à l'ordre social dont les familles légitimes étaient le soubassement. Dans un tel contexte, il n'est pas étonnant que l'union libre n'ait pas eu droit de cité dans le Code civil français de 1804. Plus de deux (2) siècles après, ces propos de Napoléon restent encore valables dans l'ordonnancement juridique de la Guinée. Le Code civil guinéen ne prévoit aucune disposition pour réglementer le concubinage.

66. En France, la première loi qui donna un effet positif au concubinage dans le Code civil fut la loi du 16 novembre 1912 autorisant la recherche judiciaire de paternité naturelle « *dans le cas où le père prétendu et la mère ont vécu en état de concubinage notoire pendant la*

---

[49] P. Y. GAUTIER, *L'union libre en droit international privé*, thèse Paris I, 1986, n° 182.

période légale de la conception ».[50] Vint ensuite une série de textes disparates, le plus souvent de droit social, accordant aux concubins des droits qui restaient de l'ordre de la subsistance : assurances sociales, allocations familiales ou encore droit au maintien dans les lieux pour la concubine du locataire. Rien de tout cela n'eut l'honneur d'être incorporé au Code civil.

67. On mesure donc le bouleversement que constitua la loi du 8 janvier 1993 qui prescrivit, dans l'article 372 du Code civil français, que l'autorité parentale serait exercée en commun par les deux parents non mariés à condition qu'ils « *vivent en commun au moment de la reconnaissance concomitante ou de la seconde reconnaissance* ». Pour la première fois, un effet positif, acquisitif de droits familiaux, était conféré à la vie concubinaire et pour la première fois aussi ce droit était gravé au fronton de marbre du Code. Cette inscription dans le Code civil indiquait le changement radical qui s'était opéré entre-temps dans la perception sociale du concubinage. Naguère, encore menace pour la société, il était devenu, en quelques dizaines d'années, un mode de vie aussi honorable qu'un autre, un fondement aussi sécurisant pour les familles que le mariage.

68. La suite de l'histoire est encore dans tous les esprits : la loi du 15 novembre 1999 qui a créé le Pacte civil de solidarité en a inséré la réglementation dans le Code civil, aux articles 515-1 et suivants, c'est-à-dire tout à la fin du titre relatif aux personnes. La même loi a également inscrit le concubinage dans le Code, juste après le pacs, non pas pour en améliorer les droits, qui en sont demeurés inchangés, mais seulement pour en affirmer la noblesse.

69. La définition du concubinage donnée par cette loi a été claire sur sa nature juridique, son régime est resté

[50] V. art. 340-4, c. civ. fr abr.

inchangé depuis le Code civil 1804. En effet, la loi du 15 novembre 1999 a défini le concubinage comme étant *« une union de fait, caractérisée par une vie commune présentant un caractère de stabilité et de continuité, entre deux personnes, de sexe différent ou de même sexe, qui vivent en couple ».* Le législateur français présente donc le concubinage comme un simple fait. Il est précisé qu'il s'agit d'un fait juridique, c'est-à-dire d'un événement, volontaire ou non (en l'occurrence oui), qui produit des effets de droit non voulus. La qualification est donc donnée par la loi et rien ne justifie *a priori* que l'on doute de cette définition.[51] Mais hormis cette définition qui précis la nature juridique du concubinage et un ensemble de règles éparpillées, dispersées çà et là dans différents codes et différentes lois, qui en dessinent le régime, il n'existe pas de textes qui réglementent le concubinage comme le cas du mariage ou du PACS dans la législation française.

70. La Guinée est restée en marge de cette évolution législative et jurisprudentielle qu'a connue la France, sa principale source d'inspiration. Le législateur guinéen est passé sous silence de la notion du concubinage. Les seuls textes du Code civil qui évoquaient cette réalité, étaient les dispositions de l'article 342 du Code civil de 1983, prévoyant la possibilité pour l'épouse de demander le divorce pour cause d'adultère du mari[52] et l'article 375 du même Code en matière de recherche de paternité.[53] Le

---

[51] A. Molière « et si concubinage était un acte juridique » *in RTD Civ.* 2018, p. 21

[52] Art. 342, c. civ. anc dispose *« La femme pourra demander le divorce pour cause d'adultère de son mari, lorsqu'il aura entretenu sa concubine au domicile conjugal ».*

[53] Art. 375, c. civ. anc disposait que l'action en recherche de paternité devait être introduite dans un délai de deux ans à compter de la naissance ou de la cessation, soit du concubinage soit de la

législateur de 2019 n'a repris que les dispositions de l'article 375 du Code civil ancien. Il n'était donc pas question, bien au contraire, que le concubinage ouvrît quelque droit que ce fût aux concubins.

71. Dans de telles situations de vide législatif, il revenait à la jurisprudence de procéder à une construction normative des règles pouvant encadrer cette situation de fait, mais malheureusement, le peuple de Guinée n'est pas encore très contentieux et la jurisprudence en matière de concubinage est inexistante. Les tribunaux guinéens ne sont généralement pas saisis directement des litiges qui opposent les concubins. On ne fait mention du concubinage devant les juges qu'à l'occasion de certaines affaires telles que lors d'un divorce ou d'une demande de garde de l'enfant.[54] Étant une situation non reconnue par la loi, le concubinage reste une turpitude devant les tribunaux guinéens.

72. Certains praticiens pensent que la Guinée doit profiter de l'évolution jurisprudentielle de la France. Selon eux, la norme ne doit pas avoir de nationalité, elle doit juste être juste et bonne. D'autres par contre pensent que la jurisprudence étrangère doit constituer pour nous un apport doctrinal et pédagogique et non normatif. En tout état de cause, il n'existe pour l'instant aucun régime juridique propre au concubinage et dans les relations entre concubins, le principe demeure que le concubinage ne fait naître aucune obligation. Le droit commun s'applique purement et simplement.

Cette étude sommaire de la notion du concubinage nous permet d'avoir une vue d'ensemble du phénomène. Elle

---

participation du prétendu père à l'entretien de l'enfant. L'article 475 du nouveau code civil a repris les mêmes dispositions.

[54] V. TPI Coyah, jugement n°116 du 29 Août 2021.

nous permet également de le distinguer au mariage et de reconnaitre ses différentes formes qu'on peut rencontrer en Guinée.

CHAPITRE 2 :
QUELQUES FORMES DE CONCUBINAGE

73. La société guinéenne a toujours vu le concubinage comme un mode de conduite qui ne sied pas avec la morale et la religion. La concubine est toujours considérée comme une femme de second ordre ne méritant pas de l'estime. Mais, la banalisation des mœurs, le phénomène de la mondialisation ainsi que la volonté manifeste du législateur de vouloir coûte que coûte protéger l'institution sacrée qui est le mariage ont fait aujourd'hui que le concubinage a eu le mérite d'être cité dans la société guinéenne.

74. Dans ce présent chapitre, nous allons voir le concubinage par défaut (section 1) avant d'aborder le concubinage choisi (section 2).

Section 1 : Le concubinage par défaut

75. Cet intitulé peut porter confusion dans la mesure où le concubinage est, en principe, une liberté. On ne saurait donc parler de concubinage par défaut. Mais le choix de cet intitulé n'est pas fortuit dans la mesure où, le législateur guinéen dans le cadre de la réglementation du seul et l'unique modèle familial fondé sur le mariage n'a pas pris en compte nos réalités sociales. Il dispose en effet qu'on entend par époux : ceux qui sont liés par un mariage célébré devant un officier de l'état civil et ceux qui se sont mariés selon la coutume avant le 31 janvier 1968.[55] C'est cette maladresse législative qui nous pousse à nous intéresser en premier lieu sur le cas de ''mariages'' non célébrés devant l'officier de l'état civil (paragraphe 1) avant de voir en second lieu le cas de ''mariages'' sans dot, car les couples dans ces mariages se considèrent mutuellement comme étant mari et femme alors que la loi ne les reconnait pas comme tels (paragraphe 2).

Paragraphe 1 : Les ''mariages'' non célébrés devant l'officier de l'état civil

76. De tous les grands actes qui jalonnent une vie, aucun n'est plus important que le mariage. Universel dans l'espace et constant dans l'histoire, il est divers selon les lieux et variable selon le temps.[56] Le mariage est l'union légitime de l'homme et de la femme résultant d'une déclaration reçue en forme solennelle par l'officier d'état civil qui a reçu auparavant les consentements des futurs époux, en vue de la création d'une famille et d'une aide mutuelle dans la traversée de l'existence.

77. Au centre de la famille, se trouve le mariage. C'est l'acte fondamental qui crée le foyer et perpétue la souche. Tout le Droit de la famille a longtemps été ordonné autour de lui. Le mariage a une importance toute particulière. Il est l'une des plus vieilles institutions fondatrices de la famille. Il fait partie des plus anciennes coutumes de l'humanité. L'union des êtres humains constitue un enjeu vital dont la dimension dépasse l'individu et intéresse la société tout entière.

78. Le Code civil guinéen de 1983 ne définissait pas explicitement le mariage, il s'est contenté d'en préciser les

[55] *in fine* de l'article 294 du c. civ gn.

[56] D. Dhaini, op cit, p. 6 n°1.

conditions et les effets. Sa définition a toujours semblé évidente. Le Doyen Carbonnier disait à cet effet que *« chacun sait ce qu'il faut entendre par là ; c'est la plus vieille coutume de l'humanité, et l'état de la plupart des individus adultes ».*[57]

79. Dans les temps modernes, les différents États possèdent leurs législations particulières en matière de mariage qui diffèrent entre elles sur un certain nombre de points. Aujourd'hui, la famille s'est diversifiée : elle comprend des couples mariés, des couples concubins, des partenaires pacsés (dans certains pays européens et aux USA), des familles monoparentales, des familles recomposées, etc. Si ces formes sont toutes reconnues en France, tel n'est pas le cas de la Guinée. Le mariage est la seule traduction du couple.

80. En effet, le mariage est défini par le nouveau Code civil guinéen en son article 240 comme étant *« l'acte civil public et solennel par lequel un homme et une femme établissent entre eux une union légale et durable, dont les conditions de formation, les effets et la dissolution sont déterminés par le présent code ».* Il convient de noter que pour contracter le mariage, le législateur guinéen exige que certaines conditions soient réunies. La célébration du mariage devant l'officier de l'état civil figure parmi ces conditions.[58]

81. En Guinée, la célébration religieuse et coutumière du mariage est une liberté. Elles peuvent exister, si telle est la volonté des époux, mais elles ne sont pas obligatoires. L'article 202 du Code civil guinéen ancien prévoyait que la célébration religieuse ne peut intervenir qu'après l'échange des consentements devant l'officier de l'état civil. La célébration religieuse avant la célébration civile était sanctionnée pénalement de trois (3) mois à un

---

[57] D. Dhaini, op cit, p. 7 n°3.

[58] Art. 249, c.civ gn.

(1) an d'emprisonnement.[59] Si l'on peut se réjouir aujourd'hui de la disparition de cette sanction liée à la célébration religieuse du mariage dans le nouveau Code civil, on regrette cependant le fait qu'il (le nouveau Code civil) ne fait plus mention de cette célébration dans la mesure où plus de 95 % de la population guinéenne sont croyantes.[60]

82. Le législateur guinéen ne prend en compte que le mariage civil c'est-à-dire le mariage célébré devant l'officier de l'état civil. Il dispose en effet que le mariage est célébré par l'officier de l'état civil.[61] Il va plus loin en ajoutant que tout mariage qui ne serait pas célébré devant un officier de l'état civil est en conséquence irrégulier et sans effet.[62] Si cette exigence de célébrer le mariage devant l'officier de l'état civil peut s'expliquer par la volonté du législateur de protéger les futurs mariés contre les mariages précoces et les mariages forcés, mais aussi de rendre uniforme le droit du mariage compte tenu de la multiplicité d'ethnies en Guinée, elle s'inscrit avant tout dans le cadre de mimétisation continue de la législation française.

83. En Droit guinéen de la famille, pour qu'une union soit considérée comme mariage, elle doit être célébrée devant l'officier de l'état civil. De ce fait, le législateur guinéen classe hors mariage toute autre union qui n'a pas été célébrée conformément aux conditions prévues par le

---

[59] Art. 202, c.civ anc *« Le mariage civil doit précéder obligatoirement le mariage religieux.*
Toute infraction aux présentes dispositions entraînera l'application d'une peine de 3 mois à 1an d'emprisonnement ».

[60] Africa.la-croix.com, statistiques des religions des pays d'Afrique. Site valide le 25 Mai 2022.

[61] Art. 249, c.civ gn.

[62] Art. 5 de la loi relative aux conditions nécessaire pour contracter le mariage de 1962 entériné par l'article 274 du nouveau Code civil de 2019.

Code civil. En disposant ainsi, le législateur guinéen dénie la qualification de mariage aux unions coutumières et religieuses non précédées ou suivies par une célébration civile. Sa position vis-à-vis des mariages coutumiers, quant à leur reconnaissance juridique, reste inchangée depuis la Loi L/054/62 du 14 avril 1962 relative aux conditions nécessaires pour contracter le mariage jusqu'à la dernière en date, et ce, sans qu'aucune motivation ne soit portée à la connaissance des justiciables.

84. Les mariages coutumiers sont des faits *sui generis* encrés dans nos us. Ce sont des mariages qui se célèbrent dans la pure tradition. Contrairement au mariage civil qui est célébré par l'officier de l'état civil habilité à cet effet, le mariage coutumier est quant à lui célébré par les parents et responsables familiaux et d'après les rites et traditions en vigueur dans la communauté. C'est deux familles qui se retrouvent par le biais de deux personnes (futur époux et future épouse) pour pouvoir sceller leur union afin d'être reconnues selon la tradition comme mari et femme. Ces mariages coutumiers sont également appelés des mariages traditionnels. Ce sont des mariages qui se font entre deux personnes par leur famille respective et au cours desquels il y'a un certain nombre de rituels.

85. L'analyse de l'article 294 *in fine* du nouveau Code civil nous permet de comprendre que le législateur reconnait l'existence des mariages coutumiers, mais interdit les effets à ces mariages. Autrement dit, le législateur permet aux gens de se marier de façon coutumière, mais, il interdit tout effet juridique à ces mariages. En clair, un mariage coutumier n'a aucun effet juridique. Autrement, c'est presqu'inexistant puisque tout acte qui n'a aucun effet juridique ou que la loi n'accorde pas des conséquences juridiques à la limite ne vaut rien. Par conséquent le mariage coutumier à ce jour ne vaut rien. Le législateur a prévu que les mariages contractés conformément à la tradition, antérieurs à la date du 31 janvier 1968 ont les mêmes effets que ceux célébrés devant l'officier de l'état civil aujourd'hui. L'interprétation *a contrario* de cette même disposition établit qu'à compter du 1er février 1968 les mariages traditionnels n'auront plus aucune valeur juridique. Naturellement, ces mariages tombent dans le champ des unions concubinaires.

86. C'est le même constat pour les mariages qui s'effectuent dans le cadre d'une religion c'est-à-dire les mariages religieux. S'ils ne sont pas précédés ou suivis par le mariage civil, ils restent sans effet juridique. En guinée, il n'y a aucun texte qui prévoit la célébration du mariage religieux. Le législateur de 1983 l'a simplement évoquée en disant qu'elle ne peut intervenir qu'après l'échange des consentements devant l'officier de l'état civil.[63] L'actuel Code civil est passé sous silence de cette célébration.

87. La seule loi qui existe aujourd'hui qui peut donner valeur aux époux en droit c'est seulement le mariage célébré devant l'officier de l'état civil. L'existence même de l'union est liée à l'intervention de l'officier de l'état civil et que le mariage est inexistant s'il n'est pas célébré par le représentant de l'État. Les mariages coutumiers et religieux n'ont donc aucune valeur devant la loi. Pour l'instant jusqu'à ce que le législateur puisse se pencher sérieusement sur la loi portant le mariage coutumier et l'attacher les conséquences juridiques et donner le statut d'époux ou le titre d'époux aux personnes qui vont se marier sur le plan coutumier. Si en ce qui concerne la polygamie sa position a évolué, nous espérons que le législateur fera volte-face lors de la prochaine réforme et tenter de réaménager les textes.

[63] Art. 202, c.civ anc.

Paragraphe 2 : Les ''mariages'' sans dot

88. Se marier est un geste éminemment social qui, d'une part, suppose l'échange d'individus entre deux familles et, d'autre part, implique des transferts de biens entre ces mêmes individus et leurs familles.[64] Ces biens ainsi transférés sont appelés la dot. Elle peut être définie comme un ensemble de biens et/ou services que le futur époux paie aux parents de la future épouse. Elle est en principe conservée au profit de cette dernière. Le Code civil guinéen n'a pas défini la dot. En effet, le législateur guinéen s'est contenté de dire que la dot est symbolique et peut être en nature ou en argent.

89. Si le mariage est la clef de voûte de la famille, la dot quant à elle constitue la colonne vertébrale du mariage. En Guinée comme dans la plupart des États africains, dans la conception coutumière du mariage, la dot représente l'élément central, car c'est elle qui confère au mariage sa légitimité et sa sacralité. Au-delà de son caractère sacré, de son caractère probatoire de l'union, la dot en plus de légitimer la relation entre un homme et une femme, elle rend aussi légitimes les enfants issus de cette relation. C'est la raison pour laquelle les unions matrimoniales sont presque toutes précédées par le versement de la dot.

90. Le versement de la dot est une pratique traditionnelle qui varie d'une communauté à une autre. Et la Guinée compte plus d'une douzaine d'ethnies dont chacune d'elle perçoit, interprète et pratique la dot selon ses coutumes et ses traditions.[65] Dans certaines communautés, le mariage est considéré comme étant conclu dès le versement de la dot.[66] C'est pourquoi le

---

[64] M. J Fortin, *les alliances conjugales au Haut-Saguenay, 1843-1911*, mémoire, Université de Québec février 1997, p. 131

[65] S. Condé, *op cit*, p. 8

[66] B. P. Béavogui, *le mariage en pays Loma : conditions et déroulement*, p. 102

législateur guinéen contrairement à certains de ses homologues africains n'a pas interdit la pratique dotale et mieux encore il a subordonné le mariage au paiement d'une dot.[67] Avant la réforme du Code civil de 2019, le législateur guinéen de 1983 disposait à cet effet que l'officier de l'état civil devait lors de la célébration du mariage demander si les parties ont réglé la question de la dot et en fait mention du montant de celle-ci dans l'acte de mariage.[68] Ainsi, le fait pour le législateur de subordonner le mariage au paiement d'une dot signifie que le défaut de paiement de celle-là, rend inexistant celui-ci. La dot a donc une importance capitale dans le processus de formation du mariage.

91. Le paiement de la dot est avant tout une pratique coutumière que le législateur a consacrée comme étant l'une des conditions de formation du mariage au vu de son importance pour les différentes communautés que constitue la Guinée. Mais le paiement de la dot n'est pas une condition sine qua non à tous les mariages en Guinée. Dans certaines communautés, il existe des mariages qui ne sont pas conditionnés au paiement préalable d'une dot voire même des mariages sans l'exigence de la dot.

92. Nous avons dénombré deux situations dans lesquelles le mariage n'est pas subordonné au paiement d'une dot. Il s'agit d'une part du mariage à prêt, le *Sinkaly* et d'autre part, de la donation à mariage, le *Allamandy*. Dans le premier, la dot est stipulée pour le futur et est souvent conditionnée à une prochaine solvabilité du futur époux. Tandis que dans le second, le mariage est conclu sans aucune exigence de paiement de la dot. Ces deux situations qu'on rencontre le plus souvent en Moyenne Guinée et Haute Guinée ont la même valeur que les autres

---

[67] Art.248, c. civ gn

[68] V. l'art. 213 et suivants, c. civ gn anc.

mariages coutumiers même s'ils sont considérés par certaines personnes comme étant inférieurs.

93. Les couples dans ces genres de mariages sont aussi des couples de concubins. Ces mariages sans dot restent une situation de fait aux yeux de la législation guinéenne tant que les conjoints ne passent pas devant l'officier de l'état civil pour célébrer leur union conformément aux dispositions relatives à la célébration du mariage en droit guinéen. Comme le disait Carbonnier, *« ces conjoint-là ne sont tombés au concubinage ni par choix de la liberté ni dans la liberté du choix ».*[69] Seuls ceux qui se sont mariés de façon coutumière avant le 31 janvier 1968 ont la qualité d'époux ou d'épouse. C'est une loi qui laisse un gout amer parce que les conséquences sont quand même graves.[70]

94. Dans sa démarche de l'occidentalisation totale du droit du mariage. Le législateur a élaboré des règles totalement étrangères au milieu social auquel elles sont destinées. Nous avons l'impression qu'il n'a pas saisi ou qu'il n'était pas au courant de l'importance qu'à ces mariages coutumiers dans la société guinéenne voir africaine. La coutume, la tradition est liée, dans l'esprit des Africains, à un ordre mythique de l'univers. C'est la fidélité aux ancêtres, à leurs esprits qui doit prévaloir[71] et ces mariages constituent l'une des clefs de voûte de notre tradition. C'est la raison pour laquelle les dispositions du Code civil sur le mariage se révèlent inefficaces après plusieurs décennies d'application. Le constat sur l'échec de ces dispositions est patent. En essayant d'étouffer le droit traditionnel considéré comme un « frein au développement », le législateur n'est parvenu qu'à

[69] J. Carbonnier, *flexible droit pour une sociologie du droit sans rigueur*, 10eme édition, *LGDJ*, 1996, p. 263

[70] V. *infra* n°97

[71] A. Didi, pour la reconnaissance juridique des conjointes de fait en Côte d'Ivoire, mémoire, Université de Laval, Québec, Canada, p. 19

consolider un réseau normatif parallèle composé de règles informelles diverses et variées.

95. Le législateur doit laisser aux époux une certaine marge de manœuvre dans la célébration de leur union. En diversifiant les formes de mariage conformément aux coutumes et aux religions existantes comme l'a fait son homologue sénégalais. En effet, plusieurs formes de mariage sont prévues par le Droit sénégalais de la famille. Cette diversité s'explique par la prise en compte des réalités sociales, coutumières et religieuses des différentes communautés de la population. Le Sénégal est un État laïc composé de musulmans en majorité, mais aussi de chrétiens voire d'animistes. C'est presque la même identité culturelle que la Guinée. La commission d'élaboration du Code de la famille sénégalais ne pouvait ignorer cette diversité notamment, culturelle, ethnique et religieuse. C'est pour cette raison que la loi de 1972 portant code de la famille a prévu des formes modernes de célébration du mariage d'une part et des formes coutumières de mariage d'autre part. Les formes normales de célébration du mariage sont le mariage célébré et le mariage constaté par l'officier d'état civil. Par contre, les catégories dites exceptionnelles de mariages sont constituées du mariage coutumier constaté et du mariage coutumier non constaté.[72]

96. Avec l'intervention de la loi ordinaire L/2019/035/AN DU 4 JUILLET 2019, on espérait que le législateur guinéen allait enfin clore les débats sur la validité des mariages coutumiers. Mais, rien n'a été proposé. Le législateur français ne doit pas être notre seule source d'inspiration. « *La lumière peut venir de tous* » dit-on. Il apparaît qu'une approche inclusive consistant à reconnaitre les diverses formes de célébration pourrait s'analyser en une amorce de dénouement dans la

[72] C. Sene, l'organisation juridique du mariage au Sénégal, p. 170

quête de règles-solutions. Cette prémisse pourrait être d'origine légale, prévoir l'enregistrement et la transcription à l'état civil des mariages célébrés coutumièrement et religieusement comme le cas du Sénégal ou, qualifier *in limine litis* ces unions comme ayant les mêmes effets que ceux célébrés devant l'officier de l'état civil dès lors que les conditions de fond sont remplies, comme se fit le cas des mariages coutumiers célébrés avant le 31 janvier 1968.

La culture et les traditions d'un peuple constituent des éléments de son identité. Le mariage fait partie de la culture des Guinéens et il est important de valoriser et vivifier cette importante institution sociale. C'est la raison pour laquelle nous plaidons pour la validité des mariages coutumiers.

97. Refuser de reconnaître les mariages coutumiers, c'est d'accepter par avance que de nombreux guinéens vivent en état de concubinage, c'est aussi de permettre notamment aux femmes guinéennes, « mariées » coutumièrement, de ne pas bénéficier de la protection légale que la loi reconnaît à toute femme mariée selon la forme légale de conclusion du mariage ; c'est se résoudre à admettre que les enfants nés de ces unions soient des enfants naturels.

98. « *L'on ne se marie pas sur papier* », est-il courant de le dire en Afrique pour souligner que le mariage est d'abord et plus une affaire de deux groupes ou de deux familles. Il consacre l'alliance entre deux groupes. Cette alliance n'est valablement établie que par la remise de certaines valeurs matérielles ou symboliques (dot) et selon une procédure coutumière déterminée. Une union simplement célébrée par un officier d'état civil sans qu'elle ait été consacrée de façon coutumière ne bénéficiera d'aucune « légitimité » auprès des premiers intéressés (d'abord, les conjoints et, ensuite, leurs familles respectives) et même à l'égard de la société.[73] Cette conviction est suffisamment ancrée dans la pratique et le vécu quotidiens des Africains au point où le seul mariage véritable est le mariage coutumier. Le mariage civil n'est véritablement considéré que dans les rapports État-individu et non dans les rapports internes des familles.

99. Les législateurs d'Afrique noire, malgré les diversités culturelles et religieuses, devraient se garder des législations hâtives, inadaptées et qui constituent souvent des échecs en raison des résistances des populations... afin de ne pas perdre notre identité.[74] La non-reconnaissance de ces unions et le rejet des familles qui en découlent expliquent aujourd'hui le non-respect des règles étatiques relatives au mariage et privent d'effets les textes censés protéger les mariés, en occurrence les femmes qui sont les plus vulnérables.

100. Redéfinir la notion du mariage en tenant compte de nos réalités socioreligieuses, même s'il faut conserver son habillage technique d'ores et déjà occidentalisé, prévoir l'enregistrement des mariages coutumiers et religieux en associant les autorités coutumières et religieuses, constitue la démarche la plus rationnelle à entreprendre pour aboutir à un Droit de la famille le mieux adapté à nos réalités.

101. À la différence de ces couples de concubins caractérisés par l'*affectio maritalis,*[75] il existe d'autres

---

[73] V.K. Mbambi, « les droits originellement Africains dans les récents mouvements de codification : le cas des pays d'Afrique francophone subsaharienne » *in Les Cahiers de droit*, Vol. 46 N°1-2, 2005 p. 31 https://doi.org/10.7202/043841ar.

[74] N. C. Nkodo « les manquements au droit de la famille en Afrique Noire », *in Revue internationale de droit comparé,* Vol. 43 N°1, Janvier-mars 1991, p. 82-104

[75] Cette expression était utilisée dans la loi romaine classique pour signifier l'intention de se marier. Aujourd'hui, l'affectio maritalis désigne la volonté des parties de se prendre pour mari et épouse.

formes de concubinage dans lesquels les couples de concubins sont caractérisés par l'*affectio concubinalis.*[76]

Section 2 : Le concubinage choisi

102. Le concubinage est une liberté. En le définissant, le législateur français n'a pas précisé les conditions de formations de cette union. Il s'est contenté d'énumérer les différents éléments constitutifs qui permettent de prouver son existence. Cette définition nous permet d'identifier deux conceptions de la notion du concubinage dans la société guinéenne : la conception juridique du concubinage et la conception sociologique du concubinage.

103. La conception juridique du concubinage se limite à la définition légale du concubinage donnée par les différentes législations et les jurisprudences ainsi que les définitions doctrinales qui considèrent toutes formes de vie de couple comme étant une union concubinaire si elles n'ont pas été célébrées conformément à la législation du mariage (publique, solennelle et par-devant l'officier de l'état civil).

104. La conception sociologique du concubinage restreint le champ d'application du concubinage. Selon elle, on peut définir le concubinage comme étant une union de fait caractérisé par une communauté de vie entre deux personnes de sexes différents qui vivent en couple, alors qu'aucun lien conjugal ne les lie l'une envers l'autre, qu'il soit juridique, religieux et/ou coutumier. Ainsi, la société guinéenne ne considère pas les unions célébrées de façon coutumière et/ou religieuse comme étant des unions concubinaires. Au contraire ces unions restent et

[76] Cette expression désigne l'intention des parties de vivre une relation stable et durable sans être marié.

demeurent des mariages et valent autant plus que les mariages célébrés devant l'officier de l'état civil.

105. *Stuprum*, le concubinage du point de vue de la société guinéenne, c'est-à-dire, selon la conception sociologique, est un comportement réprouvé. Mais au terme de plusieurs siècles de réprobation, le concubinage a progressivement cessé de représenter un type d'union inhérente à une moralité douteuse. Depuis plus d'une vingtaine d'années, le droit a reconnu dans les sociétés occidentales et même dans certains pays du continent africain, à côté du mariage, d'autres formes de conjugalité, dont le concubinage. Et avec la mondialisation, dans un mouvement de suivisme, de l'acculturation, ce phénomène est en train de gagner une très grande place dans nos villes. Et le mariage n'est plus forcément la norme immuable de la conjugalité.

106. On rencontre de plus en plus aujourd'hui de couples qui vivent comme des gens mariés alors qu'ils ne sont pas liés par un mariage célébré ou non. En fonction de leur acceptation dans nos mœurs, nous verrons successivement les unions préconjugales, la forme concubinage la plus acceptée par la société (paragraphe 1) et le concubinage *stricto sensu* (paragraphe 2).

Paragraphe 1 : Les unions préconjugales

107. Considéré comme l'un des effets secondaires de la mondialisation qui en elle-même constitue une infraction contre la tradition. Le concubinage est un phénomène de dépravation évidente de mœurs. En foulant aux pieds l'autorité des parents et la religion, en bravant tous les interdits moraux, les jeunes ont tendance aujourd'hui de vivre dans le concubinage. La notion de bonnes mœurs étant un concept évolutif, les comportements tels que les unions préconjugales que la société a pu juger autrefois comme des déviances ne sont désormais plus perçus de cette manière. Cet état de fait ne rencontre plus les mêmes réprobations qu'au paravent. Ces concubins sont de moins en moins pointés du doigt.

108. De nos jours, les jeunes apprécient davantage de plus en plus le concubinage. Cette pratique d'union libre qui se répand comme une trainée de poudre en occident et de mieux en mieux Afrique a fini de séduire les Guinéens. En effet, ce nouveau mode de vie est présenté comme une étape préalable pour la constitution d'un couple chez beaucoup de jeunes qui songent au mariage dans un avenir proche. Les concubins veulent en résumé se connaître avant de s'unir pour le meilleur et pour le pire.

109. Dans bien des cas, les amoureux se mettent en ménage pour des raisons liées à des problèmes familiaux. Soit, parce que leur relation est mal vue par leurs parents respectifs, soit leurs deux familles ne se portent pas dans leur cœur. Dans le premier cas, qui est assez fréquent, ils sont issus de castes ou de religions différentes. C'est l'exemple éloquent de l'affaire Tamba et Esther.[77] Et cet état de fait est connu pour être le commun des différentes communautés guinéennes, profondément ancrées dans les coutumes et traditions. Également, il peut arriver que des générations de deux familles se vouent une haine mutuelle et que leurs enfants tombent éperdument amoureux. Il est quasiment difficile pour les parents d'envisager une union entre eux. C'est ainsi qu'ils préfèrent se retirer loin de leurs proches et vivre leur amour : c'est ces unions qu'on appelle le concubinage d'opposition à mariage.

---

[77] Selon la version la plus courante, une jeune femme du nom de Oumou appartenant à une famille musulmane a décidé de se marier avec le célèbre journaliste de la Radio Espace FM. Le journaliste étant de confession chrétienne, la famille de la fille s'est opposée à leur union. Par amour, la jeune femme décida de quitter la maison familiale pour aller vivre avec son amoureux. Quelque temps après, elle s'est convertie au christianisme avant de se marier avec son journaliste au mois de mai 2022.

110. Dans d'autres cas, les concubins souhaitent se marier, mais, la célébration d'un mariage n'est pas toujours une chose aisée dans la mesure où il y a des contraintes qui exigent des dépenses importantes, surtout en ce qui concerne le mariage coutumier, dans le cadre des opérations de dot. Et face à ces difficultés dues en grande partie aux dépenses exubérantes de la dot; ils préfèrent vivre en concubinage en attendant une stabilité financière, nécessitant beaucoup d'années d'économie. Le Code civil guinéen a pourtant prévu des dispositions assez souples sur la question du pré-mariage (dot). Le législateur a subordonné le mariage au paiement d'une dot,[78] mais, il ne nous dit pas ce qu'il faut entendre par dot et ne fixe pas le montant de celle-ci. Ce qui fait que chaque communauté fixe la dot à sa convenance et chaque famille le fixe à sa guise et souvent même à la tête du client. C'est-à-dire, plus le créancier de la dot paraît riche, plus la dot est couteuse. C'est un autre phénomène qui favorise encore aujourd'hui le concubinage dans la société guinéenne. Interdire la pratique de la dot comme l'a fait le Gabon[79] ou fixer un seuil comme le cas du Sénégal[80] serait à notre entendement un des moyens pour freiner ou diminuer ce phénomène.

111. Dans la plupart des cas, nombreux sont aussi ceux qui aimeraient bien se marier et fonder une famille, mais qui sont réticents à cause de leur situation socioprofessionnelle. Le chômage généralisé qui règne dans notre pays a finalement des répercussions sur toute la société puisque cela constitue un blocus, un handicap sérieux à l'épanouissement de nombreux citoyens. Quand

---

[78] V. *supra* n°88 et ss

[79] La loi n°20/63 du 31 Mai 1963 portant interdiction de la dot.

[80] La loi n°1967/04 du 24 Février 1967 tendant à réprimer les dépenses excessives à l'occasion des cérémonies familiales au Sénégal.

bien même certains Guinéens parviennent à trouver un emploi, le traitement salarial, en relation avec le niveau de vie ne permettent pas de prendre des engagements maritaux. Par ailleurs, à l'état civil, la plupart des jeunes aimeraient faire du jour de leur mariage le plus beau jour de leur vie. Et pour réaliser un tel rêve, il faut organiser de grandes cérémonies ce jour-là. Une telle idée conduit les personnes intéressées par le mariage à reporter plusieurs fois la date de la célébration de leur union afin de collecter les fonds adéquats à cet effet.

112. Il existe aussi des cas où des jeunes pressés de vivre ensemble, se mettent en ménage dès après leurs fiançailles. Souvent, dans bien des cas, l'initiative provient de la famille du garçon qui sollicite à celle de la fille de permettre à cette dernière d'aller habiter quelque temps avec leur garçon afin qu'ils apprennent à se connaitre. C'est en quelque sorte une période d'essai.[81] Dans d'autres cas aussi, c'est les parents de la fille qui par peur qu'elle ne se laisse distraire par d'autres garçons, l'envoie chez son fiancé pour y vivre en attendant le mariage.

113. Tous ces différents cas de constitution de couple hors mariage sont aujourd'hui tolérés de la part des Guinéens, surtout celle qui commence par la grossesse de la fille, qui par la suite se trouve obligée par ses parents d'aller vivre avec l'auteur de sa grossesse. La société considère ces formes de concubinage comme de la cohabitation juvénile et le tolère justement parce qu'elle pense qu'ils finiront par rejoindre l'institution sacrée du mariage, car c'est souvent le dénouement.

114. Pour la société, ces formes de concubinage peuvent s'analyser comme une simple cohabitation juvénile, comme la vie commune de deux jeunes gens qui, après cette période initiatique, retrouveraient l'institution du mariage. Ne serait-ce qu'à l'arrivée du premier enfant.

---

[81] B. P. Béavogui, ibid, p. 87

Souvent, c'est une période test pour des jeunes voulant mener une vie commune. À côté de ces formes de concubinage toléré, il existe une autre forme de concubinage dans lequel les concubins rencontrent mépris et mauvaise réputation de la part de leurs proches, de la société. Il s'agit de celle que la société guinéenne considère réellement comme du concubinage.

Paragraphe 2 : le concubinage stricto sensu

115. De tout temps, le mode de vie des familles est la représentation des us et coutumes qui prévalent au sein de leur collectivité. C'est pourquoi dans la plupart des communautés guinéennes, la communauté de vie entre un homme et une femme n'a pas d'autre appellation spécifique en dehors du mariage. Ce qui explique l'extranéité de la notion du concubinage dans nos us. Même si le phénomène n'est pas nouveau, il n'était pas notoire. Les concubins cachaient leur état de concubins à la société par peur de mépris et rejet. Le concubinage n'était pratiqué à ciel ouvert que dans les zones minières sous l'appellation de *foudou koudouny.*

116. Le *foudou koudouny* est le terme le plus usité pour désigner le concubinage dans la communauté mandingue. Littéralement traduit par « le mariage à court terme », le *foudou koudouny* est une autre facette du concubinage. Considéré comme de la fornication ou de l'adultère notoire, les concubins dans ces unions n'ont aucune volonté de se prendre pour époux, car dans la plupart des cas, l'un ou les deux se trouvent déjà dans un lien de mariage.

117. C'est un phénomène qui a pris ses origines dans les zones aurifères. Il se manifeste par la communauté de vie et d'intérêt de deux orpailleurs venus d'horizon différent, qui se mettent en cohabitation et vivent une vie maritale avec toutes ses conséquences. Dans bien des cas, le couple procède à un pseudo cérémonie de célébration du mariage sans l'accomplissement d'aucun préalable. Et le mariage prend fin à la fin de leur séjour. D'où le nom de *foudou koudouny* (le mariage à court terme).

118. Aujourd'hui, ce phénomène qui était le propre des zones aurifères, commence à gagner du terrain dans les autres parties du pays. Il a d'abord pris de l'ampleur dans les campagnes avant de gagner la capitale. Cela peut s'expliquer par plusieurs raisons. La perte des valeurs culturelles, l'influence du modernisme, la part diabolique de l'argent, la prolifération des divorces, la recrudescence des féministes sans oublier la dépénalisation de l'adultère.

119. Notre société devenue très vulnérable aux agressions culturelles, à la mondialisation de la culture et des pratiques, a fini par perdre tout repère. Les médias véhiculent aujourd'hui des idées et des modes de vie susceptibles de porter atteinte à la pertinence de l'institution du mariage. En effet, on parle de plus en plus de l'émancipation de la femme, de son souci de liberté et d'indépendance. C'est ainsi que nombreuses sont les femmes qui aujourd'hui refusent de se marier parce qu'elles ne veulent pas recevoir d'ordres ou dépendre d'un homme de quelque façon que ce soit. Le contrat tacite que constitue le concubinage leur protège contre des mauvais traitements alors que dans le mariage, le mari peut exciper de son statut de chef de famille[82] pour exercer une tyrannie sans partage.

120. Outre ce cas de figure, on retrouve une autre catégorie de filles ou jeunes femmes qui aspirent simplement à devenir la maîtresse d'un riche homme. Ces

[82] Art. 324, c. civ anc qui prévoyait que le mari est le chef de la famille a été abrogé par la loi L/2019/035/AN du juillet 2019, portant Code civil de la république de Guinée. Mais la société guinéenne reste avant tout une société patriarcale et le mari dispose toujours son statut de chef famille.

dernières font partie de celles qui considèrent la vie de couple comme une promotion sociale ou une occasion de réaliser leur maternité. Elles prennent soin de choisir des hommes qui peuvent subvenir à leurs besoins. Le concubinage apparaît ainsi comme une stratégie de survie individuelle face aux difficultés économiques. Comme l'affirme ce sociologue, *« Les familles guinéennes fonctionnent, pour la plupart, selon le principe de minimum économique permettant tout juste une couverture vitale minimale pour ses membres. D'un point de vue sociologique, il existe des processus d'individualisation à la marge qui sont une résultante de contraintes externes (crise économique, précarité, pauvreté) et des conditions de vie difficiles. S'y ajoute l'affaiblissement des solidarités dans un contexte de compétition accrue. Ce qui pousse un certain nombre de jeunes à verser dans le banditisme sexuel ».*[83]

121. L'argent joue un rôle non négligeable dans la propension de ce mode de conjugalité au sein de la société guinéenne. Dès lors, il ne faut pas être surpris de voir les hommes qui, d'ordinaire, prennent en charge tous les besoins de la femme, succomber à cette tentation. Car, ils arrivent, ainsi, à économiser des sous, dans la mesure où ils ne prennent aucun engagement vis-à-vis de leur partenaire. Et plusieurs jeunes filles ou femmes acceptent de cohabiter ainsi avec eux pour contourner les multiples contraintes matérielles.

122. Si le concubinage était considéré au paravent comme de la cohabitation juvénile, aujourd'hui, il a fini par gagner toutes les tranches d'âges. On rencontre de plus en plus des hommes et femmes divorcés qui n'ont plus confiance à l'institution du mariage à la suite des traumatismes causés par l'échec du précédent mariage, préfèrent ainsi le concubinage pour ne pas vivre seul, car

[83] M. Lamine Sidibé, démographe à l'INS de Guinée

dit-on : *« l'homme n'est pas né pour vivre seul ; la solitude pèse sur son cœur, qui a besoin d'aimer et d'être aimé ».*

123. Aussi, certaines femmes, veuves ou divorcées, font l'objet de stigmatisation et rejet. Ces femmes sont souvent considérées comme responsables de leur état de veuves ou divorcées et elles trouvent rarement d'hommes pour se remarier. Souvent à fleur de l'âge, la plupart choisissent le concubinage comme moyen d'être en couple et dans un foyer malgré la marginalité sociale qui accompagne leur état. On ne saurait les en vouloir, car l'être humain est fait pour vivre en couple d'où un adage populaire Soussou : *« seul Allah peut vivre solitairement ».*

124. La marginalité sociale s'accompagne donc fréquemment de l'indifférence aux normes morales. Mais la plupart des concubins, une bonne moitié, s'installent dans leur situation "irrégulière", comme on dit alors, en bons époux. La figure la plus banale est celle des concubins assimilés à des conjoints. Le flottement du vocabulaire en est une preuve quotidienne, avec le glissement constant de « concubine » à « femme », de « concubin » à « mari », l'emploi de « Madame » suivi du nom du concubin pour les femmes. Il est également fréquent que le voisinage ignore l'état-civil des concubins qu'ils croient mariés. La confusion est particulièrement fréquente pour les jeunes couples ou pour les concubines ayant été mariées qui conservent leur nom et leur comportement marital.[84] Le concubinage se transforme donc de pratique marginale en mode de vie officiel.

[84] Anne-Marie Sohn. Concubinage et illégitimité. Encyclopedia of European Social History, 4, Charles Scribner's Sons, pp.259-267, 2001. Halshs-00085842, HAL Id: halshs-00085842 https://halshs.archives-ouvertes.fr/halshs-00085842 Submitted on 24 Jul 2006, p. 11

125. Ce nouveau mode de vie est lié à la déstabilisation de l'image traditionnelle du couple et de la famille, à la dérive des valeurs morales et religieuses sur lesquelles étaient fondés leurs régimes, à la victoire de la relation amoureuse sur l'institution sociale ainsi qu'au diffusionnisme des traits culturels, une pathologie de l'acculturation, de l'occidentalisation progressive des valeurs et civilisations. C'est donc une résultante de la crise des valeurs morales, consécutives à la faiblesse des garants méta-sociaux. C'est les raisons pour lesquelles, la société essaie tant bien que mal de rejeter ce mode conjugalité même s'il a fini par séduire quelques personnes.

126. Il n'existe pas qu'une seule forme de concubinage, mais une irréductible diversité de concubinages.[85] On parle ainsi de concubinage simple (lorsque les deux concubins sont célibataires), de concubinage adultérin (lorsque l'un ou les deux concubins sont mariés ailleurs), de concubinage double (lorsqu'il s'agit d'une union polygamique), de concubinage juridique (lorsque l'union n'a pas été célébrée devant un officier de l'état civil)…

127. Le législateur guinéen n'a ni défini ni réglementé le concubinage. La législation sur le mariage ainsi que l'aperçu général sur la notion du concubinage[86] permettent de classer dans le champ du concubinage ces cas de figure suivants :

- lorsqu'un homme marié dote pour la deuxième et/ou la énième fois, alors qu'il est déjà régi par un acte de

---

[85] J. Rubellin-Devichi, Analyse introductive, in les concubinages. Approche sociojuridique, t. 1, p20, Répertoire de droit civil, concubinage-effets du concubinage, Sonia Ben Hadj Yahia, octobre 2016 (actualisation : Décembre 2019).

[86] V. *supra,* chapitre 1 de la première partie, de la page 23 à la page 43.

mariage non encore dissout, un mariage conclu sur l'option monogamique, il se crée un autre ménage et non une autre conjugalité ; ainsi, la deuxième femme et les autres femmes deviennent des concubines ;

- lorsqu'une femme même mariée qui vit avec l'homme qui ne l'a pas dotée et cohabite avec lui d'une manière stable et continue, elle crée avec lui un ménage de fait et non une conjugalité ; ainsi, ils deviennent des concubins ;
- lorsque deux personnes de sexes opposés non-mariés, non-fiancés cohabitent d'une manière stable et continue pour des fins sexuelles sans avoir versé la dot, même symboliquement, il se crée un ménage de fait et ils deviennent concubins.
- Lorsque deux personnes remplissent toutes les conditions nécessaires pour contracter le mariage selon la tradition et/ou la religion, s'ils ne passent pas devant l'officier de l'état civil, il se crée un ménage de fait et ils deviennent concubins.

Il sied de noter que lorsqu'on parle du concubinage dans la société guinéenne, il s'agit de l'état d'un homme et d'une femme qui vivent ensemble sans être liés par aucun lien de mariage qu'il soit civil, coutumier ou religieux.

Deuxième partie :

La portée juridique du concubinage

128. Le concubinage est une liberté. Les deux volets de cette liberté se traduisent aux deux extrémités dans le temps de cette situation : à l'orée, en ce qu'il n'existe aucun acte juridique qui forme le concubinage à un instant précis, la situation résultant le plus souvent d'une installation progressive dans les faits ; à la sortie, en ce qu'il n'existe corollairement aucun acte fixant une dissolution du concubinage, dont la fin peut ainsi être soit nette et instantanée (rupture ou décès), soit petit à petit au cours d'un éloignement progressif. La caractéristique du concubinage, par opposition au mariage, réside dans le constat d'une situation de fait à laquelle vont s'attacher des effets juridiques divers même si le législateur a pris le soin de l'ignorer.

129. Si concubinage est entré dans nos mœurs, il n'est pas encore entré dans nos textes de loi. En effet, le droit guinéen ne contient aucune disposition concernant spécifiquement le concubinage. La jurisprudence étant quasi-inexistante, les règles prévues pour les mariés ne sont donc pas applicables aux concubins. Il n'y a aucun régime matrimonial qui puisse s'appliquer à leur relation. Ce vide législatif laisse la part belle à l'inventivité dans le couple. Les concubins peuvent ainsi régler leurs rapports personnels et matériels comme ils l'entendent, mais dans les limites fixées par la loi pour chaque individu.

130. Défini comme une union durable entre deux personnes non mariées qui entretiennent des liens affectifs, spirituels, corporels et économiques impliquant une communauté de vie durable et, en principe, exclusive. Les concubins sont considérés comme des sujets totalement indépendants. Cette indépendance est néanmoins relative : l'existence même de la communauté de vie implique le mélange de certains biens, la participation aux frais du ménage (surtout en présence d'enfant), le partage des tâches domestiques, etc.

131. Il est important que le débat sur le concubinage ne tourne pas à l'avantage des auteurs qui ont toujours estimé que les concubins n'avaient en jeu que leurs petits intérêts personnels, voulaient « le beurre et l'argent du beurre », les droits sans les devoirs, etc. Ce à quoi, dans un rapport, Irène Théry avait répondu que cette vision idéologique est erronée. Il existe d'ailleurs de multiples facettes du concubinage : le concubinage des jeunes, ceux des plus vieux, etc. Les concubins qui font des enfants ne sont certainement pas des gens qui ne s'engagent pas, mais qui s'engagent autrement.[87]

132. Aujourd'hui, se marier ou ne pas se marier est reconnu comme une affaire de choix personnel, et dans la société, les couples mariés et non mariés coexistent sans aucun problème. Et le concubinage étant à l'image du mariage produit souvent les mêmes effets de droit. Ce qui

---

[87] I. Théry « concubinage ou union sui generis : le statut et les droits », *in Revue du CERAP*, ALBanquet1 septembre 1998, Débat avec Irène Théry et Jean-Pierre Michel, p. 5

nous amène à traiter dans cette seconde partie les effets du concubinage (chapitre I) dans un premier temps et, en second lieu, le cas particulier des enfants issus de cette union (chapitre II).

CHAPITRE 1 : LES EFFETS DU CONCUBINAGE

133. Le concubinage est un fait social qui peut être générateur de droits pour les concubins. Même si les règles qui régissent le mariage ne sont pas applicables en matière de concubinage, mais, tout comme le mariage, le concubinage crée des effets au cours de l'union (section 1) et lors de sa dissolution (section 2).

Section 1 : Les effets du concubinage au cours de l'union

134. Le concubinage ne devrait pas emporter d'effets juridiques dans la mesure où sa caractéristique est de ne créer aucun lien juridique entre les concubins. Néanmoins, cette règle doit parfois être tempérée, qu'il s'agisse des rapports patrimoniaux entre les concubins (paragraphe 2) ou des rapports personnels entre concubins (paragraphe 1).

Paragraphe 1 : Les rapports personnels entre concubins

135. Les concubins ne sont unis par aucun lien de droit et sont donc des étrangers l'un par rapport à l'autre. Ils demeurent célibataires. Le concubinage ne donne lieu à l'établissement d'aucun acte d'état civil et n'est pas mentionné en marge de l'acte de naissance des concubins.[88] Il n'est pas possible d'appliquer les règles relatives aux droits et devoirs respectifs des époux aux concubins, puisqu'ils n'ont pas adhéré au statut du mariage. Partant de cela, les concubins ne se doivent ni fidélité, ni secours, ni assistance. Ils ne sont pas tenus de contribuer aux charges de la vie commune. Les dépenses, même ménagères, faites par un concubin sont à sa charge exclusive. L'article 286 et suivant du Code civil n'étant pas applicables, il n'existe aucun régime matrimonial entre les concubins. Les concubins n'ont donc ni droits ni devoirs l'un envers l'autre : fidélité, assistance, secours matériel, droits de succession, solidarité ménagère, etc.

136. La disqualification des unions coutumières et/ou religieuses par le législateur guinéen en concubinage coute très cher à la collectivité, à des millions de femmes à travers le pays. Parce que les textes qui défendent et protègent les femmes mariées ne leur sont pas applicables. Elles ne peuvent pas invoquer les dispositions de l'article 293 du Code civil pour exiger, de leur conjoint de fait, la participation aux charges du ménage.[89] Elles sont pour la plupart abandonner à leur sort.

137. Ces femmes ne bénéficient pas non plus de la protection qui est offerte par les dispositions de l'article 294 du Code civil concernant la résidence de la famille des mariés. Le seul droit qu'elles peuvent avoir dans leur relation personnelle avec leur pseudo conjoint reste le droit au maintien dans les locaux et de reprise du bail d'habitation prévu par les dispositions de

---

[88] C. Renault-Brahinsky, *droit des personnes et de la famille*, 10e édition, Lextenso édition 2010-2011, p. 107

[89] Aux termes de l'article 293, c. civ gn, l'un époux peut obtenir du juge l'autorisation de saisir et de toucher dans la proportion de ses besoins, une partie du salaire, du produit du travail ou des revenus de son conjoint s'il refuse de remplir son obligation de contribuer aux charge du ménage.

l'article 1411 du Code civil. Le législateur dispos en effet que *« le bénéfice du maintien dans les lieux appartient en cas d'abandon ou de décès de l'occupant principal, aux personnes membres de sa famille ou à sa charge occupant déjà l'immeuble à condition d'en acquitter régulièrement les loyers et de remplir les charges normales du bon locataire... »*. Il est vrai qu'il ne fait pas mention de concubins, mais l'expression personnes à charge du locataire occupant déjà l'immeuble peut s'appliquer sur les concubins lorsqu'il est prouvé que la concubine ou le concubin vivait à charge exclusive du preneur principal au moment de son décès ou au moment de l'abandon du local.

138. Contrairement au législateur français qui a prévu un délai d'un an de cohabitation notoire pour que la concubine ou le concubin ait droit au maintien dans les locaux,[90] son homologue guinéen est resté silencieux sur la question. Mais les effets restent les mêmes. Le concubin ou la concubine à charge devient de plein droit le nouveau locateur et le bailleur ne peut reprendre les locaux que dans les conditions prévues par Code civil applicables au preneur principal.

139. Dans le cadre de ces rapports, le principe demeure l'application des règles du droit commun. Les concubins n'ont donc pas de droits ni de devoirs. Par exception, en droit français le concubinage confère aux concubins un certain nombre de droits qui, au regard de ceux octroyés aux époux et aux partenaires pacsés, demeurent restreints.

140. D'abord, dans le cadre des relations avec les organismes sociaux, le législateur français a reconnu en 1993 la qualité d'ayant droit de l'assuré à la personne

---

[90] Art. 14 de la loi n°89-462 du 6 juillet 1989 dispose que, en cas d'abandon du domicile par le locataire, le contrat de location continue, notamment au profit du concubin notoire qui vivait avec lui depuis au moins un an à la date de l'abandon du domicile.

vivant maritalement avec l'assuré social.[91] Le concubin peut, dès lors qu'il a apporté la preuve qu'il se trouve à la charge effective, totale et permanente de son concubin, bénéficier des prestations de l'assurance maladie maternité prévues par le Code de la sécurité sociale.[92] Pour le bénéfice des prestations familiales, seule compte la notion de foyer, qu'intéressé soit marié ou pas. Le concubinage est assimilé au mariage. Ainsi, les prestations sont versées dans les mêmes conditions que pour les couples mariés. Aussi, l'article L. 434-8 du Code de la sécurité sociale français confère au concubin le droit de percevoir une pension de réversion en cas de décès de l'assuré à la suite d'un accident de travail ou d'une maladie professionnelle. L'article L. 361-4 du même code confère encore aux concubins le droit de percevoir un capital-décès attribué par la caisse primaire d'assurance maladie s'il était, au moment du décès, à la charge effective, totale et permanente de l'assuré.[93] Ces dispositions ne sont applicables qu'aux époux en droit guinéen.[94] De plus le concubinage fait perdre certains droits issus d'un mariage antérieur lorsqu'il est notoire tels que le versement des allocations familiales. Il est assimilé au remariage.[95] Les conjoints issus d'unions coutumières et/ou religieuses n'ont pas droit à ces allocations.

141. Ensuite, dans le cadre de conclusion d'un contrat d'assurance, l'article 47 du code des assurances prévoit que, en principe, l'assureur qui a payé l'indemnité

---

[91] V. loi du 2 janvier 1978 relative à la généralisation de la Sécurité sociale, loi du 27 janvier 1993 et décret d'application du 22 mars 1993 reconnaissant la qualité d'ayant droit de l'assuré social au concubin homosexuel

[92] Art. 161-14 du CSSOCIALE fr.

[93] https://aurelienbamde.com > le-régime-juridique-du-concubinage : notion, effets, rupture.

[94] Art. 79 du CSSOCIALE.

[95] Art. 52 CSSOCIALE.

d'assurance est subrogé, jusqu'à concurrence de cette indemnité, dans les droits et actions de l'assuré contre les tiers qui, par leur fait, ont causé le dommage ayant donné lieu à la responsabilité de l'assureur. Toutefois, l'alinéa 3 de cette disposition précise que l'assureur n'a aucun recours contre notamment toute personne vivant habituellement au foyer de l'assuré, sauf le cas de malveillance commise par une de ces personnes. Cette disposition permet ainsi d'inclure les concubins dans le champ d'application de l'exception. C'est la copie conforme de l'article L. 121-12 du code des assurances français.

142. En outre, dans le cadre de poursuites pénales, le Code pénal confère une immunité aux mariés s'agissant de la poursuite de certaines infractions pénales. Il en va ainsi : pour non-dénonciation de crimes, pour recel de malfaiteur, pour non-témoignage en faveur d'un innocent, l'immunité familiale en cas vol, etc. si ces différentes immunités ne sont accordées que dans le cadre du mariage et/ou de lien de parenté en droit guinéen, le législateur français a consacré des règles permettant aux concubins de bénéficier des mêmes effets. La jurisprudence pose toutefois comme condition que le concubinage soit notoire, ce qui implique l'existence d'une vie commune et que la relation de couple soit stable et durable.

143. Dans le cadre d'une relation concubinaire, les concubins n'entretiennent pas que de rapports personnels. La communauté de vie suppose aussi la communauté d'intérêt pécuniaire.

Paragraphe 2 : Les rapports patrimoniaux du concubinage

144. Contrairement au couple marié, les concubins ne bénéficient d'aucun statut matrimonial, soit de règles qui gouvernent leurs rapports patrimoniaux. Il en résulte que ces derniers sont insusceptibles de se prévaloir des règles qui régissent les rapports pécuniaires entre époux. Bien que la vie en couple génère des dépenses communes dont chaque membre va tirer profit, les concubins, à la différence des époux, ne sont pas tenus de contribuer aux charges du ménage conformément à l'article 292 du Code civil. Cette disposition prévoit que les époux doivent contribuer aux charges du mariage à proportion de leurs facultés respectives. Par charges du mariage, il faut entendre toutes les dépenses qui assurent le fonctionnement du ménage. Il s'agit, en somme, de toutes les dépenses d'intérêt commun que fait naître la vie du ménage. Régulièrement, la jurisprudence française rappelle que ces dispositions ne sont pas applicables au couple de concubins. La Cour de cassation a affirmé en ce sens *« qu'aucune disposition légale ne réglant la contribution des concubins aux charges de la vie commune, chacun d'eux doit, en l'absence de volonté expresse à cet égard, supporter les dépenses de la vie courante qu'il a exposée ».*[96]

145. En l'absence de statut juridique, les concubins s'exposent à de grands risques en cas de rupture du couple, en particulier s'agissant du partage des biens qu'ils ont acquis au cours de la vie commune. Dans un arrêt plus récent du 31 janvier 2006, la haute juridiction française a encore estimé, bien qu'ayant relevé qu'un concubin avait participé au financement du bien indivis acquis par sa concubine dans des proportions supérieures à celle-ci que, dans la mesure où aucune disposition légale ne règle la contribution aux charges du ménage de la vie commune des concubins, ces derniers n'ont droit à aucune indemnité à ce titre.[97]

---

[96] V. Cass. 1ère civ. 19 mars 1991.

[97] V. Cass. 1ère civ. 31 janvier 2006, n°03-19.630, publié au bulletin.

146. Afin de limiter ce risque, il leur est possible de conclure, par exemple, une convention de concubinage. Cette convention de concubinage vise à régir les rapports patrimoniaux que les concubins entretiennent entre eux et donc à prévenir toute difficulté susceptible de survenir en cas de rupture de leur union. Il leur est donc possible de prévoir une obligation de contribution aux charges de la vie commune à proportion de leurs facultés respectives, à l'instar de l'article 292 du Code civil. Il peut encore organiser les modalités d'administration de leurs biens selon les règles du droit commun. Ces conventions de concubinage sont valables tant qu'elles ne violent pas l'ordre public et les bonnes mœurs.

147. Si en soi, les conventions de concubinage sont valables, la Cour de cassation française a eu l'occasion de préciser dans un arrêt du 20 juin 2006, que son caractère contraignant ne doit pas constituer *« un moyen de dissuader un concubin de toute velléité de rupture »*. Pour la jurisprudence française, la conclusion d'une telle convention serait *« contraire au principe de la liberté individuelle »*.[98]

148. En l'absence de conventions, les dettes ménagères sont à la charge du concubin qui les a engagées. Dans leurs rapports avec les tiers, il est de jurisprudence constante que les actes accomplis par un concubin n'engagent pas l'autre. Autrement dit, il n'existe aucune solidarité entre concubins à la différence des époux dont les rapports avec les tiers sont régis par l'article 652 du Code civil.

149. L'absence de solidarité entre les concubins se justifie pour deux raisons : l'inapplication du principe de solidarité des dettes ménagères aux concubins et l'absence de présomption de solidarité en droit commun. Dans le cadre de la première, l'alinéa 2 de l'article 652 du Code

---

[98] V. Cass. 1ère civ. 20 juin 2006, n°05-17.475, publié au bulletin.

civil prévoit que toute dette contractée par un époux oblige l'autre solidairement dès lors que la dépense a pour objet l'entretien du ménage ou l'éducation des enfants. Cela signifie concrètement que lorsqu'un époux contracte avec un tiers, ce dernier peut réclamer le paiement du tout à son conjoint en application du principe de solidarité des dettes ménagères. Cette règle n'est pas applicable aux concubins.

150. Dans un arrêt rendu le 2 mai 2001, la Cour de cassation française a estimé en ce sens que la règle qui institue une solidarité de plein droit des époux en matière de dettes contractées pour l'entretien du ménage ou l'éducation des enfants, n'est pas applicable en matière de concubinage.[99] Elle a réaffirmé sa position dans un autre arrêt rendu le 27 avril 2004 en statuant que *« ... la solidarité ne se présume point ; qu'il faut qu'elle soit expressément stipulée ; que cette règle ne cesse que dans les cas où la solidarité a lieu de plein droit, en vertu d'une disposition de la loi ; que le premier, qui institue une solidarité de plein droit des époux en matière de dettes contractées pour l'entretien du ménage ou l'éducation des enfants, n'est pas applicable en cas de concubinage ».*[100] La conséquence en est que la solidarité ne saurait jouer en cas de souscription par le seul concubin d'un prêt, quand bien même sa concubine serait à l'origine des demandes financières. Il en va de même pour le concubin qui n'était pas signataire du contrat de bail conclu par sa concubine.

151. Quant à la seconde, l'article 963 du Code civil prévoit que la solidarité ne se présume pas sauf en matière commerciale et dans les cas prévus par la loi. Il n'y a pas de présomption de solidarité en droit commun. Il en résulte que la solidarité entre concubins ne peut jamais être présumée. Par conséquent, pour être fondé à se prévaloir de la solidarité entre concubins, il appartiendra

---

[99] V. Cass. 1ère civ. 2 mai 2001, n°98-22.836, publié au bulletin.
[100] V. Cass. 1ère civ. 27 avril 2004, 02-16.291, publié au bulletin.

au tiers de démontrer qu'elle procède soit d'une règle légale, soit d'une stipulation contractuelle. Si le tiers ne prend pas la précaution de prévoir une clause de solidarité dans le contrat, il s'expose à n'avoir pour débiteur qu'un seul concubin sur les deux.

152. La jurisprudence française admet cependant que dès lors que les concubins ont donné l'apparence d'un couple marié, les tiers sont fondés à se prévaloir de la solidarité ménagère alors même que les concubins sont exclus de son champ d'application[101] : c'est la théorie de l'apparence. C'est une théorie selon laquelle lorsque les concubins ont vécu publiquement comme mari et femme et se présentent aux tiers comme un couple marié, ils créent en conséquence une fausse apparence du mariage. De ce fait, les créanciers qui ont commis une erreur légitime sur la situation du couple ont le droit de poursuivre l'un ou l'autre des concubins pour la totalité de la dette. Cette solution vise à protéger les créanciers, en leur permettant d'obtenir le paiement intégral de leur créance.[102]

153. Pour les actes à titre gratuit entre concubins, la jurisprudence française a considéré pendant longtemps que le mobile qui avait inspiré la libéralité d'un concubin à un autre devait être examiné. Si la libéralité avait pour but d'amener à la conclusion, au maintien ou à la reprise des relations,[103] la cause était considérée comme illicite ou immorale et elle encourait la nullité. La Cour de cassation a affirmé en ce sens dans un autre arrêt rendu le 14 novembre 1961, que *« le seul fait que l'auteur d'une libéralité entretiendrait avec le bénéficiaire des relations illicites, même adultères ne suffit pas pour invalider l'acte,*

---

[101] V. CA Paris, 30 juin 1981 ; CA Pau, 14 mai 2001).

[102] P. Courbe, *droit de la famille,* 2e édition *Dalloz, Armand Colin,* Paris 1997, 2001 p.231 n°589.

[103] v. cass. 1ère civ. 8 novembre 1982.

dès lors que le mobile du disposant, souverainement apprécié par les juges du fond, est étranger à ces relations ».[104] Il ressort de ces jurisprudences que, pour être valide, la libéralité ne devait pas être consentie pour une cause immorale.

154. Le 3 février 1999, la Cour de cassation a opéré un complet revirement de jurisprudence en décidant que *« n'est pas contraire aux bonnes mœurs la cause de la libéralité dont l'auteur entend maintenir la relation adultère qu'il entretient avec le bénéficiaire ».*[105] Cette solution a été confirmée par la Cour de cassation, réunie en assemblée plénière, le 29 octobre 2014. Aux termes de cette décision, la haute juridiction française a réaffirmé, au moyen d'une motivation quelque peu différente, que *« n'est pas nulle comme ayant une cause contraire aux bonnes mœurs la libéralité consentie à l'occasion d'une relation adultère ».*[106] Depuis ces deux arrêts, la validité des libéralités consenties entre concubins n'est donc plus appréciée en considération de la conformité aux bonnes mœurs du but poursuivi.

155. Le Droit guinéen ne s'est pas prononcé sur les libéralités entre concubins. La question est régulée par le droit commun des libéralités. En effet, les libéralités entre concubins sont valables, quelle qu'en soit la cause. Il suffit juste que les conditions relatives aux libéralités prévues par le Code civil soient remplies.

156. En définitive, concernant les rapports entre concubins, il faut se référer au droit commun. Ainsi, les concubins sont des codébiteurs d'une dette qu'ils ont contractés ensemble, de même qu'ils peuvent conclurent

---

[104] V. Cass. 1ère civ. 14 novembre 1961, n°59-12.988, publié au bulletin.

[105] V. Cass. 1ère civ. 3 février 1999, n°96-11.946, publié au bulletin.

[106] V. Cass. ass. plén. 29 octobre 1999, n°03-11.238, publié au bulletin.

ensemble un contrat, comme deux personnes étrangères l'une à l'autre, sous réserve du respect de l'ordre public et des bonnes mœurs.

Section 2 : Les effets du concubinage lors de sa dissolution

157. De façon générale, la dissolution de l'union libre est aussi peu formelle que sa constitution. Elle ne nécessite la réalisation d'aucune condition juridique et n'est pas soumise à l'appréciation d'un juge. Elle peut intervenir en tout temps et sans motif, de manière individuelle ou par consentement mutuel. Le principe est celui de la liberté de rompre. En revanche, le mariage est un engagement formel qui s'inscrit dans la durée et dont chacun des membres du couple ne peut mettre fin sans un contrôle judiciaire.

158. Aucun lien de droit ne s'étant créé du fait du concubinage, il n'y a pas de lien de droit à dissoudre. La rupture du concubinage est libre. C'est justement l'un des avantages que certains reconnaissent à l'union libre par rapport au mariage. La dissolution du concubinage est susceptible d'intervenir par une simple décision unilatérale ou tout comme le mariage, par le décès de l'un des concubins.

159. L'appréhension juridique de la rupture du concubinage suppose d'envisager, d'une part, les aspects personnels de la dissolution (paragraphe 1) et, d'autre part, les aspects patrimoniaux de la dissolution (paragraphe 2).

Paragraphe 1 : Les aspects personnels de la dissolution du concubinage.

160. Le principe du concubinage c'est de pouvoir se mettre ensemble librement, mais aussi se séparer librement. La rupture du concubinage peut résulter d'une décision prise en commun ou par un seul des concubins ;

du départ d'un des concubins du domicile commun, qui, s'il prend les apparences d'un départ définitif, peut être interprété comme une rupture ; d'une transformation du concubinage en mariage et en fin de la mort d'un des concubins.

161. Tout autant que la formation du concubinage n'est subordonnée à l'accomplissement d'aucune formalité, ni à l'observation d'aucune règle, il n'est pas nécessaire d'effectuer une quelconque démarche pour le rompre. Comme l'affirme Nanfo Ismaïla Diaby *« khanisâa macé khéla lâ wadhô ».*[107] C'est toujours l'observation de la situation effective qui permet de déterminer si des personnes vivent en concubinage : en pratique, dès lors que les intéressés ne vivent plus sous le même toit, ils ne peuvent plus être considérés comme concubins.

162. Le concubinage se distingue ainsi du mariage qui, pour être dissous, suppose que les époux remplissent les conditions strictes édictées par la loi. En dehors des cas de divorce prévus par l'article 304 du Code civil, les époux sont, en effet, privés de la possibilité de mettre un terme à leur union matrimoniale. Le concubinage présente, dès lors, cet immense avantage de pouvoir être rompu librement.

163. Dans un arrêt rendu le 28 octobre 1996, la Cour d'appel de Rennes a jugé en ce sens que *« l'union libre crée une situation essentiellement précaire et durable, susceptible de se modifier par la seule volonté de l'une ou l'autre des parties ».*[108] Philippe Malaurie résume parfaitement la situation en affirmant qu'en dehors du

[107] Proverbe mandingue qui signifie littéralement qu'on n'a pas besoin d'envoyer une commission pour rompre avec sa maitresse. Ce proverbe est tiré dans les 1080 Sanda de Kanté Souleymane l'inventeur de l'écriture N'ko. Prononcer par Nanfo Ismaïla Diaby dans une émission radiophonique sur les fréquences de Milo FM de Kankan.

[108] V. CA Rennes, 28 oct. 1996.

mariage, chacun est libre de cesser d'aimer celle qu'il a aimée, et de l'abandonner. La règle de l'amour libre est la liberté, ce que, plus juridiquement énonce la règle connue : par lui-même, le concubinage ne fait naître aucune obligation. L'homme n'a point de responsabilités ni d'obligation civiles envers la délaissée. La conséquence en est que la rupture, en soi, du concubinage ne saurait donner lieu à l'octroi de dommages et intérêts.

164. Chacun d'eux pouvant mettre fin unilatéralement à la vie commune. La rupture du concubinage ne peut être considérée comme une faute, et l'auteur de la rupture sera tenu d'indemniser le concubin délaissé. Cette indemnité est fondée sur le principe de la responsabilité délictuelle. Certains tribunaux français ont accordé des dommages-intérêts sur la base d'une responsabilité délictuelle à des concubines abandonnées. La faute du concubin résidait alors soit dans les circonstances de la rupture, soit dans les circonstances de l'établissement du concubinage. Dans un arrêt du 3 janvier 2006, la Cour de cassation a affirmé à cet égard que *« si la rupture du concubinage ne peut en principe donner lieu à l'allocation de dommages-intérêts, il en est autrement lorsqu'il existe des circonstances de nature à établir une faute de son auteur ».*[109]

165. La jurisprudence est ainsi venue au secours du concubin brutalement délaissé en lui permettant de réclamer l'octroi de dommages et intérêts au titre de la responsabilité délictuelle. Conformément aux dispositions du Code civil, pour que la responsabilité civile de l'auteur d'un dommage puisse être recherchée, trois conditions cumulatives doivent être remplies : l'existence d'un dommage, la caractérisation d'une faute et l'établissement d'un lien de causalité entre le dommage et la faute. En conséquence, il appartiendra au concubin délaissé d'établir que la rupture dont il est victime était fautive, à défaut de

[109] V. Cass. 1ère civ. 3 janvier 2006, n° 04-11.016, publié au bulletin.

quoi aucune réparation ne peut lui être accordée, fut-ce après de très nombreuses années de vie commune. L'engagement de la responsabilité civile de l'auteur de la rupture exige donc qu'une faute détachable de la rupture soit prouvée. Cette faute résidera, le plus souvent, dans les circonstances particulières qui ont entouré la rupture.

166. Les juridictions françaises ont ainsi admis que la rupture pouvait être qualifiée de fautive dans un certain nombre de situations : la concubine a été délaissée pendant sa grossesse, la rupture est intervenue brutalement après de nombreuses années de vie commune, la rupture procède de propos injurieux de la part du concubin, la rupture est consécutive à l'agression sexuelle de la fille du couple par le concubin, le concubin a abandonné sa compagne et leur enfant, sans leur laisser de subsides. En tout état de cause, tout est une affaire d'appréciation souveraine par les juges du fond des circonstances de faits alléguées par les concubins. Il faudra par ailleurs que celui qui se dit victime d'une rupture fautive du concubinage établisse l'existence d'un préjudice. Ce préjudice peut être, tant matériel, que moral. La charge de la preuve pèse sur le demandeur, soit sur celui qui engage l'action en responsabilité sur les fondements de l'article 1122 du Code civil.

167. La question de réparation ne se pose pas lorsque la rupture est causée par le décès de l'un des concubins sauf en cas de décès accidentel. Avant, l'arrêt dangereux, la jurisprudence française exigeait que la victime immédiate et la victime médiate soient unies par un lien de droit (filiation, mariage) pour que le préjudice soit réparable. Dans un arrêt du 27 juillet 1937, La Cour de cassation avait même jugé que *« le demandeur d'une indemnité délictuelle ou quasi délictuelle doit justifier, non d'un dommage quelconque, mais de la lésion certaine d'un* *intérêt légitime juridiquement protégé ».*[110] L'adoption de cette position par la Cour de cassation a conduit les juges du fond à débouter systématiquement les concubins de leur demande de réparation, dans la mesure où ils ne justifiaient d'aucun lien droit avec la victime immédiate du dommage.

168. Avec l'arrêt dangereux, la jurisprudence française permet aux concubins le droit d'invoquer la responsabilité délictuelle et demander des dommages et intérêts à l'encontre du tiers responsable de l'accident ayant causé le décès de son compagnon ou sa compagne. Dans cet arrêt, la Cour de cassation censure la Cour d'appel qui avait débouté une demanderesse de son action en réparation du préjudice subi suite au décès de son concubin. La haute juridiction rompt avec la jurisprudence antérieure en jugeant que, *« en subordonnant ainsi l'application de l'article 1382 à une condition qu'il ne contient pas, la Cour d'appel a violé le texte susvisé ».*[111] Dorénavant, il n'est donc plus nécessaire pour la victime par ricochet de justifier d'un lien de droit avec la victime immédiate afin d'obtenir réparation de son préjudice.

169. La Cour de cassation a, certes, dans l'arrêt dangereux abandonné l'exigence du lien droit entre la victime immédiate et la victime médiate. Elle a néanmoins subordonné la réparation du préjudice par ricochet subi par la concubine à deux conditions : le concubinage doit être stable, le concubinage ne doit pas être délictueux. Ainsi, au regard de l'arrêt dangereux, si la concubine avait entretenu une relation adultère avec la victime immédiate, le caractère délictueux de cette relation aurait fait obstacle à la réparation de son préjudice. La Cour de cassation a très vite infléchi sa position en jugeant que l'existence d'une relation adultère entre la victime immédiate et la

[110] V. Cass. civ. 27 juillet 1937, publié au bulletin.
[111] V. Cass. Ch. Mix. 27 février 1970, n° 68-10.276, publié au bulletin.

victime médiate ne faisait pas obstacle à la réparation du préjudice par ricochet.[112]

170. En dehors de ces dommages-intérêts que les concubins peuvent avoir en cas de rupture fautive, ou à la suite du décès accidentel de l'un d'eux, le concubin ou la concubine délaissée ou survivant(e) n'a pas vocation successorale, pas de droit viager sur l'appartement, pas de pension alimentaire ni de prestation compensatoire. Les préjudices d'ordre économique subis par les femmes au moment de la rupture de l'union sont énormes surtout pour celles que la loi étatique considère comme des conjointes de fait du fait du caractère coutumier de leur union.

171. Si la liberté dans la rupture du concubinage constitue en soi un avantage pour les concubins de droit, tel n'est pas le cas pour les concubins par défaut.[113] En effet, la disqualification des mariages coutumiers par le législateur guinéen en union libre représente un danger pour des millions de femmes guinéennes qui sont engagées dans des mariages coutumiers. Les règles relatives à la procédure de divorce n'étant pas applicables. Elles sont laissées à la merci de leur conjoint qui peut mettre fin façon unilatérale à leur relation conjugale comme bon lui semble et dans les formes qui lui conviennent. La répudiation est la forme la plus courante.

172. En effet, la répudiation est la forme de dissolution du lien matrimonial consacrée par la plupart des coutumes africaines. Elle intervient à l'initiative du mari qui en a, très souvent, le pouvoir exclusif et discrétionnaire, sur simple déclaration et en des formes plus ou moins élaborées. Il peut s'agir d'une simple formule prononcée par le mari envers sa femme en présence de témoins ou

---

[112] V. Cass. crim. 20 avril 1972.

[113] L'expression concubins par défaut désigne les conjoints issus d'un mariage coutumier et ou religieux, ceux dont le mariage n'a pas été célébré devant l'officier de l'état civil.

d'un procédé solennel décrit comme suit : lorsqu'il estime intolérable la vie conjugale pour quelques raisons sérieuses, le mari peut en informer les membres de sa famille auxquels il demande de rentrer en rapport avec sa belle-famille pour lui signifier sa décision de répudier sa femme. Lorsque la faute de la femme revêt une certaine gravité, en cas de scandale flagrant et que le mari s'estime insulté dans sa dignité et son honneur, son ressentiment est quelquefois tel qu'il invite directement sa femme à le quitter et à se retirer chez elle, dans sa famille. Mais même dans cette rare hypothèse, les membres de la famille du mari interviennent toujours, *a posteriori*, car comme le mariage lui-même, le divorce intéresse essentiellement les familles des deux conjoints.[114]

173. Même si dans de rares cas, la femme peut quitter son époux et créer un état de divorce, la répudiation reste une prérogative exclusive à laquelle les femmes ne peuvent valablement recourir à moins de s'exposer à des pressions et des préjugés.[115] Pour ces femmes, le droit de divorcer n'existe pas réellement. Elles ne bénéficient pas des mêmes droits comparables aux épouses de droit et il n'existe pas de jurisprudence qui permet l'extension par analogie des règles applicables aux époux. Le système guinéen n'est pas encore très judiciarisé. Elles préfèrent mettre les choses sur le compte de Dieu : « c'est Dieu qui l'a voulu ainsi » plutôt que de saisir la justice. C'est

[114] Diallo Telli, « Le divorce chez les peuls » (1958) 5-XXII Présence Africaine 29 à la page 34-35 ; [en ligne] https//www.cairn.info/revue-presence-africaine-1958-5-page-5.htm.

[115] Ces pressions se manifestent par des menaces, des violences que certaines familles exercent sur leurs filles, les obligeant à demeurer dans les liens du mariage, même si leurs vies sont menacées afin de ne pas avoir à restituer dans ce contexte la dot perçue. Celles qui malgré tout arrivent à se défaire de ces unions sont marginalisées et traitées en parias.

pourquoi le législateur doit intervenir pour mettre fin immédiatement à cette situation.

174. Dans un jugement récent, rendu le 28 septembre 2021, le juge guinéen a reconnu la qualité d'héritière à une conjointe de fait. Dans ce jugement, le juge a statué qu'une fois que la qualité de successible est établie par un jugement d'hérédité, qui lui-même, est une décision d'homologation du procès-verbal de conseil de famille, acquiert force de chose jugée, cette qualité ne peut plus être contestée par les autres héritiers.[116] Il ressort dans ce jugement que les conjoints de fait peuvent avoir la qualité d'héritier dès lors que cette qualité est dument établie par un jugement d'hérédité.

175. En l'état actuel du Droit guinéen de la famille, le concubinage ne crée en principe aucune obligation entre les concubins. C'est donc une situation de désordre. En effet, dans la plupart des cas, l'un des concubins abandonne l'autre parce qu'il sait qu'il ne lui est redevable en rien. Généralement, c'est la femme qui se retrouve abandonnée, souvent avec des enfants issus de l'union. Qu'elle ait un emploi ou pas, la situation sera délicate dans la mesure où l'éducation des enfants ne sera plus bien suivie.

Paragraphe 2 : Les aspects patrimoniaux de la dissolution du concubinage

176. Le Droit guinéen ne contient aucune disposition légale particulière ayant pour objet le règlement des intérêts patrimoniaux des concubins à la fin de l'union et le régime légal des époux ne saurait être transposé aux concubins. La cessation du concubinage ne devrait emportait aucune conséquence juridique. Comme le rappelle régulièrement la jurisprudence française, le statut

[116] V. l'ordonnance n°235 CAB/JME/TPI/CKY3, RG : N°85/2020.

juridique dont jouissent les époux n'est pas applicable aux concubins. La conséquence en est que ces derniers ne sauraient se prévaloir des règles qui gouvernent la liquidation du régime matrimonial. Quelle que soit la cause de la dissolution du concubinage, la rupture du concubinage soulève de nombreuses difficultés, d'ordre juridique, face auxquelles les juridictions ne peuvent pas restées indifférentes.

177. Par hypothèse, l'existence d'une vie commune va conduire les concubins à acquérir des biens, tantôt séparément, tantôt en commun. Au moment de cessation du concubinage, il conviendra donc de démêler leurs intérêts et leurs biens qui, parce que s'est instituée entre eux une communauté de vie, se sont entrelacés, voire parfois confondus. Aussi, la question se posera de la liquidation de leurs intérêts pécuniaires. En l'absence de régime matrimonial, cette liquidation ne pourra s'opérer que selon les règles du droit commun. Concrètement, la liquidation du concubinage suppose de surmonter deux sortes de difficultés : la preuve de la propriété des biens et la réalisation du partage des biens.

178. En ce qui concerne la preuve de la propriété des biens, il convient d'observer que, lors de la cessation du concubinage, la preuve de la propriété d'un bien ne soulèvera de difficulté qu'en cas de dispute, par les concubins, de la qualité de propriétaire. Dans cette perspective, il est parfaitement envisageable que les concubins se répartissent les biens sans tenir compte des règles qui gouvernent la propriété et notamment faire fi de la question de savoir qui a financé l'acquisition de tel ou de tel bien.

179. C'est donc seulement en cas de désaccord sur la propriété d'un bien que la preuve de la qualité de propriétaire devra être rapportée. Il n'existe ni indivision ni présomption d'indivision entre deux personnes vivant en concubinage.[117] La présomption d'indivision n'intervient qu'à titre subsidiaire dans l'hypothèse où aucun des concubins ne parvient à établir qu'il est le propriétaire exclusif du bien revendiqué, celui-ci sera réputé indivis pour moitié.[118]

180. L'identification du propriétaire d'un bien lors de la cessation du concubinage n'est pas la seule difficulté que les concubins doivent surmonter. La question se posera également de savoir comment procéder à la réalisation du partage des biens ?

181. En l'absence de règles de répartition des biens, le principe est que les biens acquis, reçus ou créés par un seul des concubins au cours de la vie commune demeurent sa propriété exclusive. Il en résulte de ce principe deux conséquences : chaque concubin est réputé propriétaire des biens qu'il a acquis, à charge pour lui d'en rapporter la preuve en premier lieu, et en second lieu, chaque concubin profite des gains et supporte les pertes de ses activités, sans que l'autre ne puisse se prévaloir d'un quelconque droit, ni être obligé de quelque manière que ce soit.

182. Bien qu'aucune règle ne régisse la répartition des biens lors de la cessation du concubinage, la jurisprudence française autorise, parfois les concubins à piocher dans le droit commun, ce, dans le dessein de rétablir un équilibre injustement rompu. Pour parvenir à ce but, la jurisprudence admet classiquement l'existence d'une société créée de fait, les règles de la gestion d'affaires, de l'enrichissement sans cause ou injustifié et celles d'une obligation naturelle.

---

[117] La Cour d'appel d'Amiens a jugé dans un arrêt du 8 janvier 2009 qu'il s'infère de l'article 515-8 du Code civil qu'il « n'existe ni indivision, ni présomption d'indivision entre deux personnes vivant en concubinage» (CA Amiens, 8 janv. 2009, n° 08/03128).

[118] CA Lyon, ch. 6, 17 octobre 2013, n°12/04463.

183. Pour la reconnaissance d'une société créée de fait entre les concubins, les conditions de constitution du contrat de société doivent être réunies, à savoir la preuve d'apports de l'un et de l'autre, l'intention d'unir leurs efforts pour participer ensemble aux résultats. Si tel est le cas, les tribunaux considèrent l'existence d'une société créée de fait (car aucune formalité légale n'a été accomplie) entre les concubins. Cette reconnaissance permet à chacun des membres du couple de participer aux profits réalisés pendant la vie commune après apurement des dettes. Dans un arrêt de la Cour de cassation française du 12 mai 2004, il a été jugé que le concubinage n'emporte pas nécessairement la constitution d'une société créée de fait entre les concubins. L'intention de s'associer en vue d'une entreprise commune ne peut se déduire de la participation financière à la réalisation d'un projet immobilier.[119] L'existence d'une société créée de fait entre concubins, qui exige la réunion des éléments caractérisant tout contrat de société, nécessite l'existence d'apports, l'intention de collaborer sur un pied d'égalité à la réalisation d'un projet commun et l'intention de participer aux bénéfices ou aux économies ainsi qu'aux pertes éventuelles pouvant en résulter. Ces éléments cumulatifs doivent être établis séparément et ne peuvent se déduire les uns des autres.[120] Elle est distincte de la mise en commun d'intérêts inhérents à la vie maritale.

184. Par cette technique, on peut ainsi, attribuer à chacun des concubins sa part dans les profits de la société, alors même que l'entreprise qu'ils ont exploitée en commun n'appartenait en nom qu'à l'un des deux et donc, de cette façon, restituer à chacun ses apports respectifs, payer le passif et éventuellement s'il reste quelque chose,

---

[119] V. Cass. 1ère civ. 12 mai 2004 : Juris-Data n° 2004-023609.
[120] V. Cass. 1ère civ. 20 janvier 2010, n°08-13200 publié au bulletin.

partager le bénéfice réalisé. Le partage de l'actif net restant, se fait au prorata des apports respectifs de chacun.

185. Ensuite, les règles applicables à la gestion d'affaires constituent aussi une autre piste de solution pour le règlement des différends relatifs à la liquidation de la communauté vie entre les concubins. Ces règles ne sont applicables que dans l'éventualité où l'un des concubins aurait dû engager des dépenses personnelles pour gérer les affaires de l'autre en son absence, alors il pourrait se voir indemniser par l'autre, si cela n'a pas déjà été fait, à condition toutefois que les dépenses aient été utiles.[121]

186. En outre, les règles applicables à l'enrichissement sans cause peuvent aussi être appliquées dans ce cadre. Le recours à cette technique peut se concevoir dans une situation très précise où l'activité de l'un des concubins a contribué à l'enrichissement de l'autre sans contrepartie, ayant ainsi entraîné, pour ce dernier, une perte et donc un appauvrissement. C'est l'application du principe selon lequel nul ne peut s'enrichir injustement au détriment d'autrui.[122] L'homme ou la femme qui, au cours de l'union libre, a travaillé pour l'autre sans être rémunéré peut, en cas de cessation de l'union, demander au tribunal de condamner son ex-concubin à lui payer une indemnité destinée à récompenser les services ainsi rendus.[123]

187. La théorie de l'enrichissement sans cause a, pour la première fois, été reconnue par la jurisprudence française dans un arrêt Boudier rendu par la Cour de cassation le 15 juin 1892. Aux termes de cette décision, la haute juridiction a jugé que, la théorie de l'enrichissement sans cause, qualifiée également d'action de *in rem verso*, *« dérivant du principe d'équité qui défend de s'enrichir au détriment d'autrui et n'ayant été réglementée par aucun*

---

[121] V. en ce sens les articles 1112, 1113 et 1114 du c. civ gn.

[122] V. en ce sens l'article 1115 du c. civ gn.

[123] V. l'art. 383 du C. civ gabonais.

texte de nos lois, son exercice n'est soumis à aucune condition déterminée ».[124] Elle en déduit dans un autre arrêt *« qu'il suffit, pour la rendre recevable, que le demandeur allègue et offre d'établir l'existence d'un avantage qu'il aurait, par un sacrifice ou un fait personnel, procuré à celui contre lequel il agit ».*[125]

188. Enfin, l'existence d'une obligation civile a également pu être à la charge d'un concubin ayant pris certains engagements vis-à-vis de son ex-concubine, cette obligation civile résultant d'une obligation naturelle transformée par le jeu de l'engagement unilatéral du concubin.[126] Toutes ces techniques permettent aujourd'hui de compenser l'absence de statut matrimonial entre les concubins. Tout est question de circonstances, de preuves… et d'appréciation du Juge.

189. Quoi qu'il en soit, il convient de reconnaître tout de même que la femme en sort meilleure perdante à l'issue de tout ce capharnaüm, dans la mesure où c'est elle qui se retrouve le plus souvent abandonnée avec toute la charge des enfants issus de son union avec son concubin de droit ou par défaut.

190. Aujourd'hui, par le jeu de l'application du droit commun, de certaines dispositions légales éparpillées çà et là dans les différents textes ainsi que la reconnaissance de quelques effets par la jurisprudence aux relations entre concubins, le concubinage tend de plus en plus vers mariage. Et le plus souvent les concubins se voient être appliqués les effets découlant du mariage sur tout lorsque le couple a un ou des enfants.

191. Quelle qu'en soit sa cause, la dissolution met un terme, en principe, tant à l'union personnelle des partenaires qu'à l'union que ces derniers formaient sur le

---

[124] V. Cass. civ. 12 mai 1914, S. 1918-1919. 1. 41, note Naquet.
[125] V. Cass. req. 15 juin 1892, GAJC, t. 2, 12e éd., no 239.
[126] C. Renault-Brahinsky, ibid, p112.

plan économique. La séparation volontaire du couple marque de surcroît la dissolution de l'union du couple parental, mais non pas la dissolution des liens de parenté avec l'enfant commun du couple.

CHAPITRE 2 : LE CAS PARTICULIER DES ENFANTS NÉS DU CONCUBINAGE

192. L'enfant occupe une place privilégiée dans notre société. Non seulement parce qu'il représente l'avenir de toute la communauté humaine, mais aussi par le formidable désir d'enfant qu'exprime aujourd'hui un grand nombre de couples. Il est le fruit de l'union d'un homme et une femme. Ce fait biologique est pris en compte par le droit qui établit l'état de l'enfant en le rattachant à ses père et mère par un lien juridique de filiation. Le droit de l'enfant comprend donc le droit de filiation. En ce sens, l'enfant doit être envisagé comme partie du rapport de parenté qui le relie à ses père et mère. La filiation établie entre un enfant et ses parents traduit un lien biologique, affectif, mais aussi juridique. Ce qui va produire un certain nombre de conséquences et doter l'enfant d'un statut juridique.

193. L'enfant et ses parents vont, ensuite, entretenir des relations affectives tout au long de leur vie, mais le droit se préoccupe essentiellement des relations entre enfant mineur et ses parents. En raison de sa faiblesse, l'enfant mineur a besoin d'être protégé. Il doit aussi être élevé, aussi bien pour son épanouissement personnel que pour favoriser son intégration dans la société.

194. Dans un mariage reconnu et accepté par tous, l'enfant est considéré comme symbole de fidélité et d'honorabilité.[127] Son statut est connu et sa filiation ne pose pas de problème contrairement à un enfant issu d'un concubinage. Alors, il sera question d'ici du statut et la filiation des enfants nés du concubinage (section 1), ainsi que de l'autorité parentale, l'effet direct de l'établissement de la filiation (section 2).

Section 1 : Le statut et la filiation des enfants nés du concubinage

195. Le statut du couple n'est pas sans influence sur le statut des enfants. Comme nous l'avons déjà évoqué, les concubins sont des célibataires. Ce statut de célibataire qui est le leur n'est pas sans effet sur celui de leurs enfants. Dans cette section, nous verrons d'abord le statut de ces enfants (paragraphe 1) avant d'aborder la question liée à leur filiation (paragraphe 2).

Paragraphe 1 : Le statut des enfants nés du concubinage

196. Le concubinage ne crée aucun lien de droit, les concubins sont des étrangers l'un envers l'autre. Les enfants issus de cette union sont des enfants naturels conformément à l'article 404 du Code civil qui dispose que *« l'enfant conçu et né hors mariage est naturel »*.

197. On distingue trois catégories d'enfants naturels qui sont : l'enfant naturel simple, l'enfant naturel adultérin et l'enfant naturel incestueux. Le concubinage incestueux étant écarté compte tenu de sa nature, il s'agira ici de la catégorie d'enfant naturel simple et celle d'enfant naturel adultérin.

---

[127] N. L. Condé, *Le chemin d'un destin : Diala, l'enfant tant désiré*, Harmattan Guinée 2016, p.13

198. L'expression « enfant naturel simple » désigne l'enfant dont le père et la mère n'étaient pas mariés et aucun d'eux ne se trouvait également dans les liens du mariage avec une autre personne au moment de sa conception ou de sa naissance. Elle désigne aussi des enfants issus d'un mariage non reconnu par la loi. Tandis qu'« enfant naturel adultérin » désigne l'enfant dont le père ou la mère se trouvait dans un lien de mariage avec une autre personne au moment de sa conception ou de sa naissance.

199. Tout enfant issu d'une relation entre deux célibataires est un enfant naturel. D'un point de vue juridique, les enfants issus du concubinage, quelle qu'en soit la conception (juridique ou sociale) sont des enfants naturels. C'est là toute ambiguïté de la notion d'enfant naturel dans la société guinéenne. La disqualification légale des enfants issus des mariages coutumiers en des enfants naturels constitue aujourd'hui l'un des problèmes majeurs auxquels notre Droit de la famille est confronté. Car pour la société guinéenne, on ne saurait qualifier les enfants nés d'une union coutumière et/ou religieuse, d'enfants naturels.

200. Est naturel selon la conception sociale, l'enfant né de deux personnes qui ne sont pas unies par les liens du mariage. On attend ici par mariage, la conclusion d'une union entre deux personnes de sexes différents dans les formes prévues par la coutume, par la religion ou par la loi. Les conjoints unis par un mariage coutumier ne sont pas de simples concubins comme la loi le préconise. Leur union est légitime, de même que leur progéniture. Réduire la validité du mariage au seul fait de sa célébration devant un officier de l'état civil, c'est rendre illégitimes les unions coutumières ainsi que les enfants issus de ces unions, c'est détruire la famille telle qu'elle est conçue par la société, c'est autoriser les plus graves désordres moraux, c'est ramener l'humanité à la promiscuité barbare, c'est rétrograder vers l'animalité.

201. De plus, la société guinéenne n'a pas encore emboité les pas de la loi en matière d'égalité des enfants. Les enfants naturels sont toujours stigmatisés et sont traités d'enfants illégitimes, de bâtards. Il est donc inconcevable pour elle que les enfants issus d'une union qu'elle considère comme légale, légitime, soient confondus à ceux qu'elle traite de bâtards. Pour preuve, en 2017, un journaliste a affirmé dans la célèbre émission, les Grandes Gueules (les GG), en référence à l'article 316 du Code civil de 1983 que *« Tous les enfants nés à partir de 1968 [dans les familles polygames] sont des bâtards »*. Ces propos sont très mal passés. Il fit être suspendu par la Haute Autorité de la Communication (HAC) pendant un mois. Pour la HAC, le journaliste a dépassé les limites. Ses propos constituent un outrage à la pudeur, une violation de la dignité de la personne humaine et de la sacralité de l'homme. La HAC estime que le journaliste a tenu des propos violents et grossiers à l'égard de millions de Guinéens *« dignes dont la réputation et l'honneur sont ainsi atteints »*.[128] La HAC a bien réagi, mais le journaliste aussi n'avait pas tort. Ce tort incombe au législateur qui a rendu d'enfants naturels presque tout un peuple.

202. Il est incompréhensible que lors de la réforme du Code civil de 2019, soit juste deux années après les faits susmentionnés, que le législateur n'a pas cherché à trouver une solution légale à cette situation. Même s'il a introduit l'option pour la polygamie, sa position face aux mariages coutumiers reste la même depuis la loi relative aux conditions nécessaires pour contracter le mariage de 1962. C'est un manque de sagacité de vouloir imposer le mode

---

[128] V. la décision n°003/SC/P/ 1er Juin 2017, portant suspension du journaliste Mohamed Mara et de l'émission les Grandes Gueules de la radio Espace FM.

de vie d'un peuple à un autre. Les unions coutumières et religieuses font partie même de l'essence de notre société. Les ignorer, c'est considéré des millions de Guinéens comme étant des enfants naturels.

203. La possession d'état d'époux n'étant pas admise en Droit guinéen, l'enfant issu des unions coutumières ou religieuses ne pourra donc pas se voir établir à son égard, la possession d'état d'enfant légitime. En effet, dans l'hypothèse d'un mariage coutumier ou religieux, il n'y a pas d'écrit officiel, c'est-à-dire d'acte de l'état civil puisque l'officier de l'état civil n'est pas intervenu, pour célébrer le mariage. Or l'article 283 du Code civil pose le principe général de la preuve de l'état des personnes par les actes de l'état civil ou les jugements supplétifs en tenant lieu, donc par écrit. Aucune dérogation n'est prévue par ce Code pour la preuve du mariage. La possession d'état d'époux ne peut donc pas prouver le mariage. Après l'avoir déniée d'effet, en disposant que *« la possession d'état d'époux ne peut dispenser les prétendus époux, qui l'invoquent respectivement, de représenter l'acte de célébration du mariage devant l'officier de l'état civil ou le jugement supplétif en tenant lieu »*, le législateur l'a définie comme étant le fait pour un homme et une femme de se traiter comme mari et femme, et qu'ils soient reconnus comme tels par la famille et la société ;[129] avant de préciser dans les dispositions de l'article suivant que si ces intéressés font des enfants, ces derniers seront naturels à titre d'en enfant illégitime tant qu'ils sont en vie. En claire, la possession d'état d'époux ne joue qu'en faveur des enfants, et ce, après le décès des deux parents.[130]

204. Le législateur a manifestement voulu réduire au maximum les effets des mariages coutumiers et religieux. Il a privé les conjoints de la possession d'état d'époux,

---

[129] V. *in fine* de l'article 284, c. civ gn.
[130] V. l'art 285, c. civ gn.

l'unique moyen pour eux de prouver leur union. Il ne s'est pas contenté d'une simple possession d'état, qui n'aurait pas eu moins de valeur juridique, mais qui aurait donné au droit l'apparence d'un pur fait, l'apparence seulement, parce que la possession d'état n'est pas un fait, mais sa qualification juridique.[131] La rétablir, est à notre entendement la meilleure solution pour pallier à la question de la possession d'état d'enfant légitime, car cette dernière découle de l'état matrimonial des parents.

205. Les mariages coutumier et religieux restent valables aux yeux de la société. On peut dire que ceux qui ont recouru à ces formes, sont réputés mariés par l'ensemble de leur entourage ; leurs enfants sont légitimes. Les assimilés à des enfants naturels, c'est de rendre toute une partie de la population guinéenne illégitime.

206. Avant d'aborder la question de la filiation, il sied de préciser que les enfants issus du concubinage sont des enfants naturels conformément à l'article 404 du c.civ gn et l'article 143 du Code de l'enfant : ils sont soit des enfants naturels simples soit des enfants naturels adultérins.

Paragraphe 2 : La filiation de l'enfant né du concubinage

207. L'enfant, sujet de droit dès sa naissance, est relié à ses père et mère par un rapport de parenté que la loi appréhende. C'est assez souvent pendant la petite enfance que s'établit le lien de filiation, et ce de manière durable. Sous l'angle de l'établissement de la filiation, l'enfant n'est pas seulement l'*infans* ou mineur. L'enfant peut être un majeur, lui-même doté d'enfant. En tant que tel, il est

---

[131] Y. Thomas « l'union des sexes : le difficile passage de la nature au droit » *in Revue du CERAP*, ALBanquet1 septembre 1998 Mariage, Procréation, Union des sexes, p. 3

fils ou fille de telle ou de telle personne, de tel couple, marié ou non.

208. La notion de filiation n'a pas été définie par le législateur guinéen. Selon le professeur Patrick Courbe, la filiation est le lien de droit qui unit l'enfant à ses parents. En apparence, le droit de la filiation a un objet simple : constater et traduire juridiquement le phénomène naturel de la naissance d'un individu pour le relier à ceux qui l'ont engendré. Mais en réalité ce lien juridique a des enjeux beaucoup plus importants qu'un simple constat biologique : il s'agit véritablement de l'entrée de cet individu dans le groupe social et de la place où il y sera intégré, avec des conséquences de toutes sortes, de l'éducation jusqu'à la vocation successorale. Premier lien social, la filiation ne concerne pas seulement les « parties » à ce lien (parents et enfant), mais aussi la société elle-même, évidemment intéressée au renouvellement des générations.[132]

209. Il existe trois types de filiations : la filiation légitime (c'est la filiation qui caractérise les enfants conçus ou nés lorsque leurs parents étaient unis par le mariage), la filiation naturelle (c'est la filiation qui caractérise les enfants nés de parents non mariés ensemble, ou dont le mariage n'est pas reconnu par la loi) et la filiation adoptive (c'est un lien juridique de filiation créé par un jugement entre deux personnes qui, sous le rapport du sang, sont généralement étrangères l'une à l'autre). L'établissement d'un lien de filiation entre le père et l'enfant est plus complexe. La seule paternité biologique ne conduit pas à la paternité juridique dans la mesure où elle n'est pas constatable immédiatement. De manière générale, la filiation paternelle découle soit de la loi (présomption de paternité)[133], soit d'une manifestation

[132] A. Bénabent, op cit p. 342 n°472.
[133] V. l'art. 385, c. civ gn et l'art 124 du C.E.

de volonté de la part du père (reconnaissance)[134], soit d'une décision de l'autorité judiciaire (action en recherche de paternité[135] et adoption[136]) ou soit par la possession d'état.

210. Comme mentionner ci-haut, les enfants issus d'un concubinage sont des enfants naturels. Par conséquent, l'établissement de leur filiation se fait selon le droit commun de l'établissement de la filiation naturelle. Lorsqu'il s'agit d'un enfant naturel simple ou d'un enfant adultérin par le père, sa filiation est établie soit par reconnaissance volontaire soit par déclaration judiciaire à la suite d'une action en recherche de paternité ou de maternité, ou soit par la possession d'état.[137] En revanche, lorsqu'il s'agit d'un enfant adultérin par la mère, sa filiation ne peut être rétablie par reconnaissance du concubin de sa mère qu'après une action en désaveu intentée par le mari de sa mère à l'égard de qui, la filiation de l'enfant est établie par la présomption légale de paternité.[138]

211. Mais qu'il soit enfant naturel simple ou adultérin, l'enfant né d'un concubinage acquiert le nom de celui de ses deux parents à l'égard de qui sa filiation est établie. Selon les articles 57 du Code de l'enfant et 30 et 31 du Code civil, l'enfant naturel reconnu par le père prend le nom de celui-ci. S'il n'est pas reconnu par le père, il prend le nom de sa mère. La filiation naturelle pouvant s'établir par la possession d'état, l'enfant issu d'un concubinage porte nécessairement le nom du concubin de sa mère.

---

[134] V. l'art. 405, al.1 c. civ gn et l'art. 144 du C.E.

[135] V. l'art. 416, c. civ gn et l'art 156 du C.E.

[136] V. l'art 420 et ss, c.civ gn et l'art 159 et ss C.E.

[137] V. les articles 144 du Code de l'enfant et 405 du Code civil.

[138] L'article 145 du Code de l'enfant dispose que *« Toute reconnaissance est nulle, toute demande en recherche est irrecevable, quand l'enfant a une filiation légitime déjà établie par la possession d'état ».*

212. Aujourd'hui, la distinction entre enfant naturel et enfant légitime n'a plus d'intérêt, en Droit de la famille guinéen, dans la mesure où l'article 3 du Code de l'enfant prohibe toutes discriminations entre les enfants basées notamment sur la naissance. Aussi l'article 146 du même Code et l'article 407 du Code civil précisent que l'enfant naturel a les mêmes droits et devoirs que l'enfant légitime dans ses rapports avec ses père et mère. Et qu'il entre dans la famille de son auteur.

213. On peut se réjouir de l'évolution apportée par le Code de l'enfant en supprimant les discriminations entre les enfants fondées sur leur naissance. Parce qu'ils n'ont pas à être responsables du comportement des adultes jugé répréhensible par la société. Nul ne doit être responsable des circonstances de sa naissance. Il ne doit pas y avoir des enfants illégitimes, mais plutôt de parents illégitimes.

214. Mais malheureusement, cette évolution législative n'a pas été massivement suivie par la société guinéenne. Les enfants naturels continuent toujours d'être brimés. Il apparaît clairement que le sort des enfants naturels est attaché à la stigmatisation de la faute de leurs parents. La tâche de bâtardise frappe les enfants nés d'une union hors mariage. Le statut social de ces enfants est marqué par une infériorité par rapport aux enfants légitimes. L'heure n'est pas encore de traiter socialement le fruit visible de l'activité sexuelle illégitime sur le même pied d'égalité que les enfants légitimes.

215. Les auteurs de la loi L/015/61 du 23/08/61, portant protection des enfants naturels de 1961 ont été sensibles aux ressentiments de la société envers les enfants naturels. Ainsi, suivant l'article 1er de cette loi, les enfants conçus hors mariage n'ont droit qu'à l'hébergement, à la nourriture et à l'entretien par le père lorsque leur filiation paternelle est établie. Ils n'ont pas vocation à hériter. Cette disposition ne concernait par ailleurs que les enfants naturels simples. Les enfants adultérins et ceux incestueux n'avaient droit à rien.

216. Aujourd'hui, grâce à la résurgence d'idées progressistes, la condition des enfants naturels tend à s'améliorer. En moins de 60 ans, la vision de l'illégitimité et du concubinage a radicalement changé. De marginaux et ostracisés, ces comportements sont devenus banals et tolérés. On passe ainsi de l'abstinence au droit à la sexualité pour tous, du bâtard honni et voué à une mort presque certaine pour les plus pauvres, à l'enfant illégitime désiré et choyé pendant que s'effacent les frontières entre concubinage et vie conjugale.

217. Ainsi, lorsqu'un enfant est né entre concubins, il faudrait que les deux parents établissent la filiation de cet enfant, afin que le père reconnaisse qu'il en est le géniteur et assume ses obligations. Ce qui fait que la notion de filiation revêt, dans le droit de l'enfant, une importance centrale puisque tous les effets essentiels, tels que notamment l'autorité parentale, l'obligation d'assistance et d'entretien des parents et le droit successoral, y sont rattachés.

218. Les relations parents-enfants prennent appui sur la filiation et se manifestent par l'autorité parentale.

Section 2 : De l'autorité parentale

219. L'autorité parentale peut se définir comme l'ensemble des droits et parfois des obligations octroyées par la loi aux père et mère de l'enfant pour pourvoir à l'éducation de ce dernier. Autrefois conçu comme un pouvoir du parent sur l'enfant, l'autorité parentale est de plus en plus considérée comme mission à accomplir dans l'intérêt de l'enfant. Elle dure jusqu'à la majorité de l'enfant ou son émancipation.[139]

[139] V. l'art. 212, C.E.

220. Le Code civil présente l'autorité parentale sous deux aspects : la personne même de l'enfant et les biens. Or, s'agissant de l'administration de ses biens et son corollaire, le droit de jouissance des père et mère, les textes constituent en réalité un corps de règles qui se détachent totalement de l'autorité parentale.[140] Il ne sera donc question ici que de l'autorité parentale au sens strict, relative à la personne de l'enfant. Il s'agit de droit permettant aux père et mère d'accomplir leur rôle relativement à l'éducation, à l'entretien et à la protection de leur enfant dans leur sécurité, leur santé et leur moralité.

221. Les règles relatives à l'autorité parentale peuvent différer selon que les parents vivent ensemble ou séparément. C'est pourquoi il convient de voir l'exercice de l'autorité parentale au cours de l'union (paragraphe 1) et après la dissolution de l'union (paragraphe 2).

Paragraphe 1 : De l'exercice de l'autorité parentale au cours de l'union

222. L'autorité parentale est une prérogative fondamentale au sein de la famille. Par elle, les parents peuvent conduire la politique familiale dans l'intérêt de l'enfant et le protéger dans sa personne et dans ses biens. Longtemps, la direction de la famille était attribuée au seul père avec l'exercice de la puissance paternelle.[141] Avec l'éclosion des droits fondamentaux, cette puissance s'est transformée en autorité au profit des deux parents, quelle que soit la famille existante. Le législateur, dans le respect du principe d'égalité et du principe de liberté a eu, de

---

[140] A. Batteur, droit des personnes et de la famille, 2e édition LGD 2003 Paris, p. 85 n°159.

[141] V. les lois n°54 AN/62 du 14 Avril 1962, relative aux conditions nécessaires pour contracter le mariage et n°57 AN/62 du 14 Avril 1962, relative à la dissolution du mariage.

manière constante, pour souci d'accorder l'exercice de l'autorité parentale de manière conjointe avec les lois ordinaires L/2008/ 011/AN du 19 août 2008, portant Code de l'enfant de la République de Guinée, et L/2019/035/AN du 04 juillet 2019, portant Code civil de la République de Guinée. Il n'existe pas de spécificités dans l'autorité parentale selon que les parents sont mariés ou non. L'autorité parentale est, dès lors, accordée aux parents non mariés.

223. En principe, en matière de concubinage, l'autorité parentale s'exerce en commun, sous réserve que l'enfant ait une filiation établie à l'égard de ses deux parents. L'exercice de l'autorité parentale est donc tributaire de la reconnaissance.[142] Si l'enfant a été reconnu par les deux concubins, ils exercent conjointement l'autorité parentale. En revanche, s'il n'a été reconnu que par un seul des concubins, celui-ci exerce unilatéralement l'autorité parentale.[143] Aussi, le concubinage étant un contrat tacite, les concubins peuvent librement décider lequel d'entre eux exercera l'autorité parentale.

224. L'enfant, à tout âge, doit honneur et respect à ses père et mère.[144] Socialement, le père est le chef de la famille. Il exerce cette fonction dans l'intérêt commun du ménage et des enfants. Il exerce en principe seul, la puissance paternelle sur l'enfant. Il décide seul, avec ou sans le consentement de la mère de l'enfant, les décisions lui concernant. Et la majorité ou émancipation ne met pas fin à l'exercice de la puissance paternelle.

225. Dans la coutume guinéenne, il est inconcevable que l'exercice de l'autorité parentale incombe aux seuls père et mère de l'enfant. Il appartient à la communauté tout entière. La puissance paternelle n'est pas un attribut

---

[142] V. al.2 de l'art 475, c. civ gn.

[143] V. al.1 de l'art 484, c. civ gn.

[144] Art. 472 al.1, c. civ gn

exclusif des parents biologiques de l'enfant, les frères biologiques des père et mère de l'enfant, voire toutes personnes considérées comme membre de la famille malgré l'inexistence de lien de sang avec l'enfant, peuvent légalement exercer l'autorité paternelle sur l'enfant. Comme le dit un adage populaire malinké : *« l'enfant appartient à tout le village ».*[145]

226. Dans l'état actuel du Droit guinéen, les concubins ont les mêmes droits en ce qui concerne l'exercice de l'autorité parentale que les mariés. L'article 475 du c. civ gn dispose que : *« Pendant le mariage, les père et mère exercent en commun l'autorité parentale.*

L'autorité parentale est également exercée en commun si les parents d'un enfant naturel, l'ayant tous deux reconnu, vivent en commun ». L'alinéa 2 de cet article pose le principe de l'exercice de l'autorité parentale à l'égard des enfants issus du concubinage. Les père et mère d'un enfant naturel exercent donc en commun la puissance paternelle lorsqu'ils vivent en concubinage. C'est la réaffirmation du principe d'égalité entre les enfants.

227. Le concubinage se caractérise d'une part par sa précarité vis-à-vis du mariage. Sa dissolution met fin aux rapports entre les concubins. Mais, les rapports entre les concubins et leurs enfants subsistent tout comme dans le cadre du mariage.

Paragraphe 2 : De l'exercice de l'autorité parentale à la dissolution de l'union

228. Le couple parental doit survivre au-delà des dissensions conjugales ou para conjugales. En cas de séparation, les concubins peuvent convenir ensemble des modalités d'exercice de l'autorité parentale. Ils peuvent à titre d'exemple fixer d'un commun accord le lieu de

---

[145] S. M. Koïta op cit, p. 86. n°129

résidence de l'enfant chez l'un d'eux ou en alternance dans le domicile de chacun. Ils peuvent aussi convenir ensemble du montant de leur contribution à l'entretien des enfants. Cette contribution est fixée selon les ressources de chacun. Certes, des dysfonctionnements seront toujours constatés lorsque les parents méconnaissent certaines règles fixées.

229. La séparation des concubins est sans conséquence sur les règles de dévolution de l'exercice de l'autorité parentale. Les parents seront, dès lors, soumis au principe de codécision pour l'ensemble des questions importantes concernant l'enfant. Les dispositions du Code civil démontrent l'absence de spécificités dans le règlement des conflits d'autorité parentale selon qu'il y a mariage des parents ou pas. En cas de désaccord, le juge s'efforce de trouver les solutions opportunes dans l'intérêt de l'enfant.

230. Les juges apprécient de manière similaire la situation des enfants de parents divorcés ou de parents séparés de leur union para conjugale. C'est l'application égalitaire entre enfants. Ce principe est même affirmé par l'article 374 du Code civil qui, dans une formule générale, énonce que : *« Tous les enfants dont la filiation est légalement établie ont les mêmes droits et les mêmes devoirs dans leurs rapports avec leur père et mère. Ils entrent dans la famille de chacun d'eux »*.

C'est dans le respect de ce principe que l'obligation d'entretien, transcrite aux articles 229 et suivants du Code de l'enfant et 485 et suivants du Code civil et qui, à l'origine, était conçue pour les seuls enfants légitimes, a été étendue à l'ensemble des enfants. C'est ainsi que l'article 357 al.2 du Code civil prescrit qu' : *« en cas d'exercice en commun de l'autorité parentale, le parent chez lequel les enfants ne résident pas habituellement contribue à leur entretien et à leur éducation à proportion de ses ressources et de celle de l'autre parent »*. Et lors de la séparation des parents, pour être pleinement effective, cette obligation est présentée sous forme de pension alimentaire, comme peut le formuler l'article 352 du Code civil. En tant que parent, chacun des concubins doit ainsi contribuer à l'entretien et à l'éducation de leur enfant, ce à proportion de leurs ressources.

231. Aussi, le juge peut, à la demande d'un des concubins modifier les conditions d'exercice de l'autorité parentale à l'égard de leur enfant. Il peut décider qu'elle sera exercée soit par l'un des deux parents, soit en commun par le père et la mère. Il désigne dans ce cas, le parent chez lequel l'enfant aura sa résidence habituelle. On parle alors de « garde ».

232. La garde permet de désigner celui des parents qui aura la charge de l'enfant en cas de désunion. Elle n'est que l'un des aspects de l'autorité parentale. Celui des parents qui exerce l'autorité parentale a entre autres pouvoirs, celui de garder l'enfant.

233. Quoique la tâche de promouvoir les enfants incombe aux parents ensemble, la femme en assure le rôle principal. Elle est sollicitée pour passer plus de temps avec les enfants et constituer pour eux un phare dans la vie sociale,[146] surtout à bas âge. Ce qui explique le fait que dans certaines communautés, l'enfant, à un certain âge, ne doit pas être séparé de sa mère et ce, quelle qu'en soit sa situation avec le père de l'enfant. Les auteurs de la loi L/057/62 du 14/04/62, relative à la dissolution du mariage ne sont pas restés insensibles à cette situation. Ainsi, suivant l'article 7 de cette loi, le juge peut accorder la garde de l'enfant à sa mère jusqu'à l'âge de sept ans et après ce délai, l'enfant sera remis à son père ou à la famille paternelle.

---

[146] C. Abdelhafid, *droit de la famille marocaine, musulmane, juive, et chrétienne*, 2ème édition 2016, p. 374.

234. La pratique judiciaire démontre bien cela. L'esprit de cette loi est encore aujourd'hui dans la tête des juges guinéens. En effet, dans la majorité des cas de demande du droit de garde de l'enfant, ils confient la garde de l'enfant à sa mère sauf s'il est dument établi que celle-ci s'est rendue coupable de l'une des causes de la déchéance de l'autorité parentale prévue par les articles 479, 500 et 501 du c. civ gn et 220, 244 et 245 du Code de l'enfant.

235. Conformément à l'article de 3 de la convention des Nations Unies sur les droits des enfants, ratifiée par la Guinée, qui stipule que dans toutes les décisions concernant les enfants, la recherche de l'intérêt supérieur de l'enfant doit être une considération primordiale. Et le fait de séparer l'enfant de sa mère à bas âge n'y va pas dans son intérêt. C'est pourquoi dans la quasi-totalité des cas, et au vu de l'âge de l'enfant, il est confié à sa mère par les juges guinéens.[147] Et ils accordent le droit de visite et de surveillance au père, qui doit continuer à contribuer à son entretien et à son éducation à proportion de ses moyens.

236. Dans la pratique, après la dissolution du concubinage, c'est la femme qui se retrouve le plus souvent abandonnée avec l'enfant et le problème de garde ne se pose pas. Il va falloir alors qu'elle travaille et gagne plus d'argent afin de subvenir aux besoins de la désormais famille monoparentale. Et pendant ce temps, les enfants sont abandonnés à eux-mêmes, leur éducation laisse à désirer.

---

[147] La jurisprudence guinéenne est presque constante en matière de garde de l'enfant. Lorsque l'enfant a un certain âge, sa garde confiée à sa mère et on accorde un large droit de visite au père. V. les décisions suivantes : CA Conakry, n°597 du 28 Décembre 2021 ; CA Conakry, n°608 du 28 Décembre 2021 ; TPI Dixinn, jugement n°440 du 12 Novembre 2021 ; TPI Mafanco, jugement n°150/G du 23 juillet 2021, TPI Kaloum, jugement n°010 du 20 janvier 2022.

237. Dans le même ordre d'idées, il convient de remarquer que le nombre d'enfants dans la rue ne cesse de croître. Et il n'y a aucun doute que cette croissance est liée à la prolifération des naissances hors mariage. Ces enfants se retrouvent ainsi abandonnés à eux-mêmes et peuvent devenir dangereux pour les autres membres de la société. Dans le même sens, ils sont délaissés et sans espoir, ce qui est perturbateur pour leur équilibre psychologique.

238. Enfin, la dissolution du concubinage n'a en principe pas d'incidence sur l'exercice de l'autorité parentale. Si la dissolution a pour cause le décès de l'un des concubins, l'exercice de l'autorité parentale est dévolu à l'autre conformément aux dispositions des articles 221 du Code de l'enfant et 480 du c. civ gn. Dans les cas contraires, les père et mère exercent en commun l'autorité parentale.

CONCLUSION GÉNÉRALE

239. La République de Guinée est un pays à système juridique romano-germanique qui est influencé par le Code civil français où la plupart des anciennes colonies des pays d'Europe s'inspirent pour éditer les lois internes. Ainsi, la question du concubinage, bien que pas reconnu dans le Droit positif guinéen, présente plusieurs difficultés juridiques surtout en matière de la rupture, du sort des dépenses faites, de la gestion du patrimoine ainsi que les rapports entre les concubins et leurs enfants. Pour faire face à ces difficultés, plusieurs pistes de solution en se référant au droit comparé ont été proposées dans cette présente étude.

240. Le concept de famille est aujourd'hui protéiforme. La notion de bonnes mœurs étant un concept évolutif, les comportements tels que les concubinages que la société a pu juger comme des déviances ne sont désormais plus perçus de la même façon. Le concubinage est presque accepté partout dans le monde et a fini par faire son entrée dans plusieurs législations.

241. La Guinée fait partie des innombrables pays d'Afrique à ne pas emboiter le pas des pays occidentaux ayant légalisés le concubinage. Si l'on se fie aux statistiques, le nombre de personnes vivant en concubinage a considérablement baissé en Guinée entre

1996 et 2014. Selon l'INS, seulement 0,7 % des Guinéens vivaient en concubinage en 1996 contre 0,6 % en 2014. En outre, l'intolérance sociale qui accompagne les unions hors mariages dans la société guinéenne justifie largement aujourd'hui la position du législateur à ne pas introduire le concubinage dans nos textes. Mais sa position vis-à-vis des mariages coutumiers et religieux met en mal ces statistiques.

242. Dans l'état actuel de notre Droit de la famille, le concubinage est pour la plupart, des unions coutumières et religieuses auxquelles la loi n'attache aucune valeur juridique. Pourtant ces unions rendent compte de l'identité des populations et constituent le préalable à toutes autres formes d'unions, en occurrence le mariage civil.

243. Pour terminer, il est important de mentionner que la perspective adoptée dans cette étude est une approche très rarement usitée. Pourtant, au-delà de toutes autres considérations, elle a permis de poser un regard critique sur le Droit de la famille guinéen, en particulier dans ses rapports avec des nombreux couples mariés sur le plan coutumier et religieux qu'il qualifie de concubins. Dans le but de corriger cette maladresse législative et pour mieux tenir compte de nos mœurs et coutumes, l'élaboration d'un Code des personnes et de la famille est nécessaire. Même s'il est vrai que la réglementation des mariages coutumiers et religieux est une aventure périlleuse dans un contexte de multiplicité ethnique et religieuse.

244. *« Les concubins se passent de la loi et la loi se désintéresse d'eux ».* Ces propos de Napoléon Bonaparte doivent demeurer le principe dans le Droit guinéen de la famille. Il vaut mieux consolider le mariage au lieu de créer des institutions qui lui feraient concurrence. Il est nécessaire de veiller à ne pas succomber trop facilement aux sirènes de l'attractivité du concubinage.

BIBLIOGRAPHIE

I. OUVRAGES GÉNÉRAUX

1. Annick Batteur, Droit des personnes et de la famille, 2e édition L.G.D.J 2003

2. Patrick Courbe, Droit de la famille, 2e édition Dalloz 2001

3. Thierry Garé, Droit des personnes et de la famille, 2e édition Montchrestien 2000

4. Patrick Courbe, Droit civil : les personnes, la famille et les incapacités, 4e édition Dalloz 2003

5. Corinne Renault-Brahinsky, Droit des personnes et de la famille, 10e édition, Lextenso édition 2011-2012

6. Corinne Renault-Brahinsky, l'essentiel du droit de la famille, 10e édition, les carrés 2011-2012

7. Alain Bénabent, Droit de la famille, 4e édition L.G.D.J 2018,

8. Jean Carbonnier, Flexible droit pour une sociologie du droit sans rigueur, 10e édition, L.G.D.J, 2001

9. Chakib Abdelhafid, Droit de la famille marocaine, musulmane, juive, et chrétienne, 2e édition 2016

II. OUVRAGES COLLECTIFS

1. Marie Cresp, Jean Hauser, Marion Ho-Dac et Sandrine Sana-Chaillé de Néré, Droit de la famille : Droit français, européen, international et comparé, édition Bruyant 2018

III. THÈSES ET MÉMOIRES

1. Sékou Maouloud Koïta, La responsabilité des père et mère en droit guinéen, thèse Reims 2013, harmattan Guinée 2016
2. Réginald Altanas, Plaidoyer pour une judiciarisation du concubinage en Haïti
3. Marie Josée Fortin, Les alliances conjugales au Haut-Saguenay 1843-1911, mémoire, Université de Québec février 1997
4. Nicole Sikuzani Abanabo, De la protection du patrimoine dans une union libre : cas du concubinage
5. Suzanne Condé, La dot en droit guinéen, mémoire, UGLC-SC 2021.
6. Pierre Yves GAUTIER, L'union libre en droit international privé, thèse Paris I, 1986
7. Aude Dibi, Pour la reconnaissance juridique des conjointes de fait en Côte d'Ivoire, mémoire, Université Laval, Canada 2021
8. Jean-Baptiste Schwart, Recherche sur l'existence d'un droit commun du couple, thèse, Université de Nantes 2017
9. Diana Dhaini, Mariage et libertés : étude comparative en droit français et libanais, thèse, Université de Versailles Saint-Quentin en Yvelines 2016

IV. ARTICLES ET CHRONIQUES

1. Maria Dominica Thiam Diédhiou, ***« Union libre ou le désir de s'essayer : concubinage dans toutes ces facettes »***, publié sur https://seneweb.com
2. Cheikh Sene, ***« L'organisation juridique du mariage au Sénégal »*** in Revue africaine de sciences juridiques et politiques, Vol.28, janvier 2020, p.155-182
3. Moussa Thioye, ***« Part respective de la tradition et de la modernité dans les Droits de la famille des pays***

d'Afrique noire Francophone », in Revue internationale de Droit comparé, Vol.57, N° 57, 2005, p.346-397

4. Yan Thomas ***« union des sexes : le difficile passage de la nature au droit »***, ALBanquet1 septembre 1998 Mariage, Procréation, Union des sexes, revue du CERAP,
5. Blaise Bwanga Anembali, ***« Du Concubinage En Droit Congolais Et En Droit Compare »***, IOSR Journal Of Humanities And Social Science (IOSR-JHSS), vol. 22, no. 8, 2017, pp. 57 – 66
6. Yann Févier, ***« La notion de couple de fait en droit français : "concubinage" vs. Pacs et mariage »***, Actualidad Jurídica Iberoamericana N° 11, 2019, p64-77
7. Aurélien Molière ***« et si concubinage était un acte juridique »*** in RTD Civ. 2018
8. Vincent Kangulumba Mbambi, ***« les droits originellement Africains dans les récents mouvements de codification : le cas des pays d'Afrique francophone subsaharienne »*** Les Cahiers de droit, Vol. 46 N° 1-2, 2005 p315-332
9. Nicole Claire Nkodo, ***« les manquements au droit de la famille en Afrique Noire »*** in Revue internationale de droit comparé, Vol. 43 N° 1, Janvier-mars 1991. p87-104, p82-104
10. Sonia Ben Hadj Yahia, ***« concubinage- effets du concubinage »***, Répertoire du droit civil, octobre 2016
11. Irène Théry ***« concubinage ou union sui generis : le statut et les droits »***, in être ou s'engager ? ALBanquet1 septembre 1998, revue de la CERAP
12. Diallo Telli, ***« Le divorce chez les peuls »*** (1958) 5-XXII Présence Africaine 29, p 34-35
13. Anne-Marie Sohn, ***« Concubinage et illégitimité »***, Encyclopedia of European Social History, 4, Charles Scribner's Sons, pp.259-267, 2001

14. Hamidou Barry ***« Adultère, concubinage, polygamie… »*** interview, propos recueillis par Alpha Mamadou Diallo pour Guineematin.com

V. SOURCES LÉGALES

A- Les sources nationales

1. Le Code pénal de 1965
2. Le Code civil de 1983
3. La loi portant protection des enfants naturels de 1961
4. La loi relative à la dissolution du mariage de 1962
5. La loi relative aux conditions nécessaires pour contracter le mariage de 1962
6. Le Code de la sécurité sociale 1994
7. Le règlement de la caisse nationale de sécurité sociale 1994
8. Le Code de l'enfant de 2008
9. La Constitution de 2010
10. Le Code des assurances 2016
11. Le Code civil de 2019
12. Le Code de l'enfant de 2019

B- Les sources étrangères

1. Le Code noir 1685
2. Le Code de la famille sénégalais 1972
3. Le Code civil gabonais 1972
4. Le Code civil français de 1804 édition 2022

C- Les textes internationaux

1. Convention des Nations Unies sur les droits des enfants 1989

VI. SOURCES JURISPRUDENTIELLES

A- Nationales

1. TPI Mafanco n° 153/Greffe du 23 juin 2021
2. CA Conakry, n° 597 du 28 Décembre 2021
3. CA Conakry, n° 608 du 28 Décembre 2021 ;
4. TPI Dixinn, jugement n° 440 du 12 Novembre 2021 ;

5. TPI Mafanco, jugement n° 150/G du 23 juillet 2021,

6. TPI Kaloum, jugement n° 010 du 20 janvier 2022.

7. L'ordonnance n° 235 CAB/JME/TPI/CKY3, RG : N° 85/2020.

8. TPI Coyah, jugement n° 116 du 29 Août 2021

B- Etrangères

1. Cass. civ. 12 mai 1914, S. 1918-1919. 1. 41, note Naquet.

2. Cass. req. 15 juin 1892, GAJC, t. 2, 12e éd., no 239.

3. Cass. 1ère civ. 12 mai 2004 : Juris-Data n° 2004-023609.

4. Cass. 1ère civ. 20 janvier 2010, n° 08-13200 publié au bulletin.

5. CA Lyon, ch. 6, 17 octobre 2013, n° 12/04463

6. CA Amiens, 8 janv. 2009, n° 08/03128).

7. Cass. civ. 27 juillet 1937, publié au bulletin.

8. Cass. Ch. Mix. 27 février 1970, n° 68-10.276, publié au bulletin.

9. Cass. crim. 20 avr. 1972.

10. Cass. 1ère civ. 3 janvier 2006, n° 04-11.016, publié au bulletin.

11. CA Rennes, 28 oct. 1996

12. Cass. 1ère civ. 14 novembre 1961, n° 59-12.988, publié au bulletin

13. Cass. 1ère civ. 3 février 1999, n° 96-11.946, publié au bulletin

14. Cass. ass. plén. 29 octobre 1999, n° 03-11.238, publié au bulletin

15. Cass. 1ère civ. 2 mai 2001, n° 98-22.836, publié au bulletin

16. Cass. 1ère civ. 27 avril 2004, 02-16.291, publié au bulletin

17. CA Paris, 30 juin 1981 ; CA Pau, 14 mai 2001).

18. Cass. 1ère civ. 31 janvier 2006, n° 03-19.630, publié au bulletin
19. Cass. 1ère civ. 20 juin 2006, n° 05-17.475, publié au bulletin.
20. Cass. 1ère civ. 19 mars 1991.
21. CA Douai, 25 avril 1991, n° 1991-040978.
22. Cass. civ. 1re, 3 Octobre 2018, n° 17-13.113
23. Soc. 22 février 1978, n° 76-10.363.
24. Crim 21 octobre 1998, n° 97-85.151.
25. Crim., 5 octobre 2010, n° 10-81.743.
26. Cass. 1ère civ. 8 novembre 1982

VII. SOURCES RELIGIEUSES

1. Le Coran
2. La Bible

VIII. DICTIONNAIRES

1. Lexique des termes juridiques 21e édition Dalloz 2014
2. Vocabulaire juridique 12e édition Henri Capitant
3. Le Petit Larousse

IX. AUTRES DOCUMENTS

1. Bernard Pévé Béavogui, Le mariage en pays Loma : conditions et déroulement, Roman
2. Nankoria Lancéï Condé, Le chemin d'un destin : Diala, l'enfant tant désiré, Roman
3. Nanfo Ismaïla Diaby, Les proverbes mandingues
4. Annuaire statistique Guinée 2018

TABLE DES MATIÈRES

Structures éditoriales du groupe L'Harmattan

L'Harmattan Italie
Via degli Artisti, 15
10124 Torino
harmattan.italia@gmail.com

L'Harmattan Hongrie
Kossuth l. u. 14-16.
1053 Budapest
harmattan@harmattan.hu

L'Harmattan Sénégal
10 VDN en face Mermoz
BP 45034 Dakar-Fann
senharmattan@gmail.com

L'Harmattan Cameroun
TSINGA/FECAFOOT
BP 11486 Yaoundé
inkoukam@gmail.com

L'Harmattan Burkina Faso
Achille Somé – tengnule@hotmail.fr

L'Harmattan Guinée
Almamya, rue KA 028 OKB Agency
BP 3470 Conakry
harmattanguinee@yahoo.fr

L'Harmattan RDC
185, avenue Nyangwe
Commune de Lingwala – Kinshasa
matangilamusadila@yahoo.fr

L'Harmattan Congo
67, boulevard Denis-Sassou-N'Guesso
BP 2874 Brazzaville
harmattan.congo@yahoo.fr

L'Harmattan Mali
Sirakoro-Meguetana V31
Bamako
syllaka@yahoo.fr

L'Harmattan Togo
Djidjole – Lomé
Maison Amela
face EPP BATOME
ddamela@aol.com

L'Harmattan Côte d'Ivoire
Résidence Karl – Cité des Arts
Abidjan-Cocody
03 BP 1588 Abidjan
espace_harmattan.ci@hotmail.fr

L'Harmattan Algérie
22, rue Moulay-Mohamed
31000 Oran
info2@harmattan-algerie.com

L'Harmattan Maroc
5, rue Ferrane-Kouicha, Talaâ-Elkbira
Chrableyine, Fès-Médine
30000 Fès
harmattan.maroc@gmail.com

Nos librairies en France

Librairie internationale
16, rue des Écoles – 75005 Paris
librairie.internationale@harmattan.fr
01 40 46 79 11
www.librairieharmattan.com

Lib. sciences humaines & histoire
21, rue des Écoles – 75005 paris
librairie.sh@harmattan.fr
01 46 34 13 71
www.librairieharmattansh.com

Librairie l'Espace Harmattan
21 bis, rue des Écoles – 75005 paris
librairie.espace@harmattan.fr
01 43 29 49 42

Lib. Méditerranée & Moyen-Orient
7, rue des Carmes – 75005 Paris
librairie.mediterranee@harmattan.fr
01 43 29 71 15

Librairie Le Lucernaire
53, rue Notre-Dame-des-Champs – 75006 Paris
librairie@lucernaire.fr
01 42 22 67 13